# 家庭学習をトータルサポート！ ニチガクのオリジナル 効果的 学習法

## 1 まずはアドバイスページを読む！

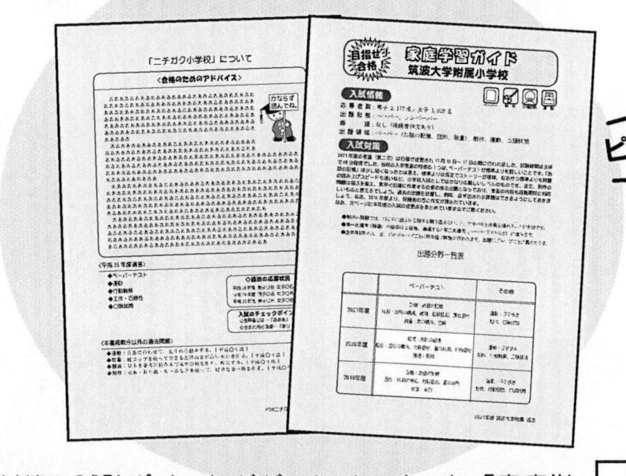


ピンク色です

対策や試験ポイントがぎっしりつまった「家庭学習ガイド」。分野アイコンで、試験の傾向をおさえよう！

## 2 問題をすべて読み、出題傾向を把握する

## 3 「学習のポイント」で学校側の観点や問題の解説を熟読

## 4 はじめて過去問題にチャレンジ！

## 5 プラスα 対策問題集や類題で力を付ける

### 過去問のこだわり

最新問題は問題ページ、イラストページ、解答・解説ページが独立しており、お子さまにすぐに取り掛かっていただける作りになっています。

ニチガクの学校別問題集ならではの、学習法を含めたアドバイスを利用して効率のよい家庭学習を進めてください。

各問題のジャンル

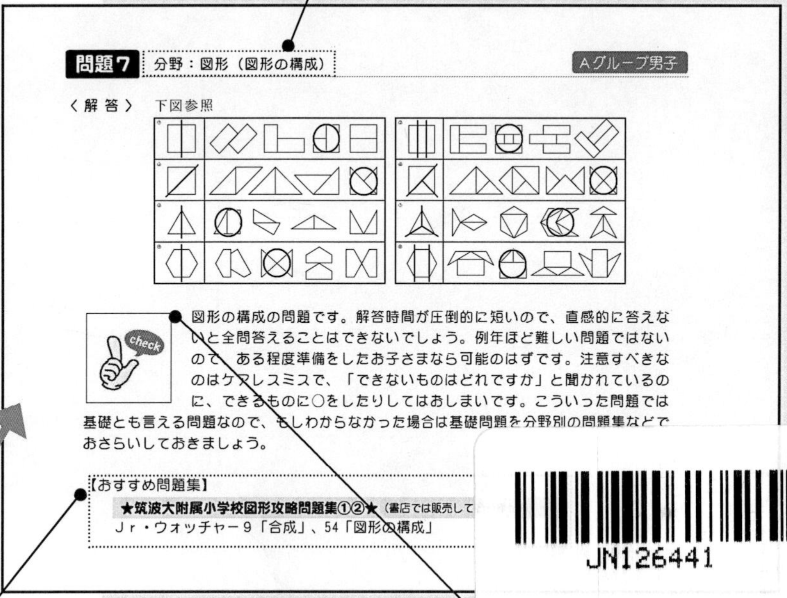
問題7　分野：図形（図形の構成）　Aグループ男子

〈解答〉　下図参照

図形の構成の問題です。解答時間が圧倒的に短いので、直感的に答えないと全問答えることはできないでしょう。例年ほど難しい問題ではないので、ある程度準備をしたお子さまなら可能のはずです。注意すべきなのはケアレスミスで、「できないものはどれですか」と聞かれているのに、できるものに○をしたりしてはおしまいです。こういった問題では基礎とも言える問題なので、もしわからなかった場合は基礎問題を分野別の問題集などでおさらいしておきましょう。

【おすすめ問題集】
★筑波大附属小学校図形攻略問題集①②★（書店では販売して
Ｊｒ・ウォッチャー９「合成」、54「図形の構成」

JN126441

### 学習のポイント

各問題の解説や学校の観点、指導のポイントなどを教えます。
今日から保護者の方が家庭学習の先生に！

### おすすめ対策問題集

分野ごとに対策問題集をご紹介。苦手分野の克服に最適です！

＊専用注文書付き。

2022年度版　お茶の水女子大学附属小学校
過去問題集


発行日　2021年2月16日
発行所　〒162-0821 東京都新宿区津久戸町 3-11-9F
日本学習図書株式会社
電　話　03-5261-8951 ㈹





ISBN978-4-7761-5367-2

C6037 ¥2000E

9784776153672

定価2,200円

(本体2,000円+税10%)

1926037020004


詳細は http://www.nichigaku.jp 日本学習図書 検索

図書カード 1000 円分プレゼント

ご記入日　　年　月　日

# ☆国・私立小学校受験アンケート☆

※可能な範囲でご記入下さい。選択肢は○で囲んで下さい。

〈小学校名〉＿＿＿＿＿＿＿＿＿＿　〈お子さまの性別〉男・女　〈誕生月〉＿＿月

〈その他の受験校〉（複数回答可）＿＿＿＿＿＿＿＿＿＿

〈受験日〉①：＿＿月＿＿日〈時間〉＿＿時＿＿分　～　＿＿時＿＿分

②：＿＿月＿＿日〈時間〉＿＿時＿＿分　～　＿＿時＿＿分

〈受験者数〉男女計＿＿名（男子＿＿名　女子＿＿名）

〈お子さまの服装〉＿＿＿＿＿＿＿＿＿＿

〈入試全体の流れ〉（記入例）準備体操→行動観察→ペーパーテスト

＿＿＿＿＿＿＿＿＿＿

**Eメールによる情報提供**

日本学習図書では、Eメールでも入試情報を募集しております。
下記のアドレスに、アンケートの内容をご入力の上、メールをお送り下さい。

**ojuken@nichigaku.jp**

## ●行動観察

（例）好きなおもちゃで遊ぶ・グループで協力するゲームなど

〈実施日〉＿＿月＿＿日〈時間〉＿＿時＿＿分　～　＿＿時＿＿分〈着替え〉□有　□無

〈出題方法〉□肉声　□録音　□その他（　　　　　）〈お手本〉□有　□無

〈試験形態〉□個別　□集団（　　　人程度）

〈会場図〉

〈内容〉

□自由遊び

＿＿＿＿＿＿＿＿＿＿

□グループ活動

＿＿＿＿＿＿＿＿＿＿

□その他

＿＿＿＿＿＿＿＿＿＿

## ●運動テスト（有・無）

（例）跳び箱・チームでの競争など

〈実施日〉＿＿月＿＿日〈時間〉＿＿時＿＿分　～　＿＿時＿＿分〈着替え〉□有　□無

〈出題方法〉□肉声　□録音　□その他（　　　　　）〈お手本〉□有　□無

〈試験形態〉□個別　□集団（　　　人程度）

〈会場図〉

〈内容〉

□サーキット運動

□走り　□跳び箱　□平均台　□ゴム跳び

□マット運動　□ボール運動　□なわ跳び

□クマ歩き

□グループ活動＿＿＿＿＿＿＿＿＿＿

□その他＿＿＿＿＿＿＿＿＿＿

## ●知能テスト・口頭試問

〈実施日〉＿＿月＿＿日 〈時間〉＿＿時＿＿分 ～ ＿＿時＿＿分 〈お手本〉□有 □無

〈出題方法〉 □肉声 □録音 □その他（　　　　　）〈問題数〉＿＿枚＿＿問

| 分野 | 方法 | 内　容 | 詳細・イラスト |
|---|---|---|---|
| （例）<br>お話の記憶 | ☑筆記<br>□口頭 | 動物たちが待ち合わせをする話 | （あらすじ）<br>動物たちが待ち合わせをした。最初にウサギさんが来た。次にイヌくんが、その次にネコさんが来た。最後にタヌキくんが来た。<br>（問題・イラスト）<br>３番目に来た動物は誰か  |
| お話の記憶 | □筆記<br>□口頭 | | （あらすじ）<br><br>（問題・イラスト） |
| 図形 | □筆記<br>□口頭 | | |
| 言語 | □筆記<br>□口頭 | | |
| 常識 | □筆記<br>□口頭 | | |
| 数量 | □筆記<br>□口頭 | | |
| 推理 | □筆記<br>□口頭 | | |
| その他 | □筆記<br>□口頭 | | |

## ●制作　（例）ぬり絵・お絵かき・工作遊びなど

〈実施日〉＿＿月＿＿日　〈時間〉＿＿時＿＿分　～　＿＿時＿＿分

〈出題方法〉　□肉声　□録音　□その他（　　　　　　　）　〈お手本〉□有　□無

〈試験形態〉　□個別　□集団（　　　　人程度）

| 材料・道具 | 制作内容 |
| --- | --- |
| □ハサミ<br>□のり（□つぼ　□液体　□スティック）<br>□セロハンテープ<br>□鉛筆　□クレヨン（　色）<br>□クーピーペン（　色）<br>□サインペン（　色）□<br>□画用紙（□ A4　□ B4　□ A3<br>　　□その他：　　　　　）<br>□折り紙　□新聞紙　□粘土<br>□その他（　　　　　　　） | □切る　□貼る　□塗る　□ちぎる　□結ぶ　□描く　□その他（　　　　　　　）<br>タイトル：＿＿＿＿＿＿＿＿＿＿＿＿＿ |

## ●面接

〈実施日〉＿＿月＿＿日　〈時間〉＿＿時＿＿分　～　＿＿時＿＿分〈面接担当者〉＿＿＿名

〈試験形態〉□志願者のみ（　　）名　□保護者のみ　□親子同時　□親子別々

〈質問内容〉

※試験会場の様子をご記入下さい。

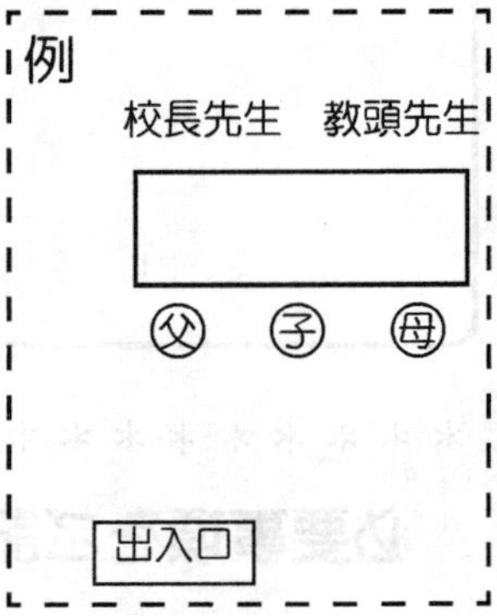


□志望動機　□お子さまの様子

□家庭の教育方針

□志望校についての知識・理解

□その他（　　　　　　　　　　　　　　）

（　詳　細　）

・

・

・

・

## ●保護者作文・アンケートの提出（有・無）

〈提出日〉　□面接直前　□出願時　□志願者考査中　□その他（　　　　　　　　　）

〈下書き〉　□有　□無

〈アンケート内容〉

（記入例）当校を志望した理由はなんですか（150 字）

**●説明会（□有　□無）〈開催日〉　　月　　日〈時間〉　　時　　分　～　　時　　分**

〈上履き〉　□要　□不要　〈願書配布〉　□有　□無　〈校舎見学〉　□有　□無

〈ご感想〉

|  |
|---|
|  |

**●参加された学校行事**（複数回答可）

公開授業〈開催日〉　　月　　日〈時間〉　　時　　分　～　　時　　分

運動会など〈開催日〉　　月　　日〈時間〉　　時　　分　～　　時　　分

学習発表会・音楽会など〈開催日〉　　月　　日〈時間〉　　時　　分　～　　時　　分

〈ご感想〉

※是非参加したほうがよいと感じた行事について

**●受験を終えてのご感想、今後受験される方へのアドバイス**

※対策学習（重点的に学習しておいた方がよい分野）、当日準備しておいたほうがよい物など

＊＊＊＊＊＊＊＊＊＊＊＊＊　ご記入ありがとうございました　＊＊＊＊＊＊＊＊＊＊＊＊＊

**必要事項をご記入の上、ポストにご投函ください。**

なお、本アンケートの送付期限は入試終了後３ヶ月とさせていただきます。また、入試に関する情報の記入量が当社の基準に満たない場合、謝礼の送付ができないことがございます。あらかじめご了承ください。

ご住所：〒

お名前：　　　　　　　　　　　メール：

TEL：　　　　　　　　　　　　FAX：

ご記入頂いた個人に関する情報は、当社にて厳重に管理致します。弊社の個人情報取り扱いに関する詳細は、www.nichigaku.jp/policy.php の「個人情報の取り扱い」をご覧下さい。

## 『読み聞かせ』×『質問』＝『聞く力』

お話の記憶の練習に最適

# 1話5分の
# 読み聞かせお話集①②

「アラビアン・ナイト」「アンデルセン童話」「イソップ寓話」「グリム童話」、日本や各国の民話、昔話、偉人伝の中から、教育的な物語や、過去に小学校入試でも出題された有名なお話を中心に掲載。お話ごとに、内容に関連したお子さまへの質問も掲載しています。「読み聞かせ」を通して、お子さまの『聞く力』を伸ばすことを目指します。

①巻・②巻　各48話

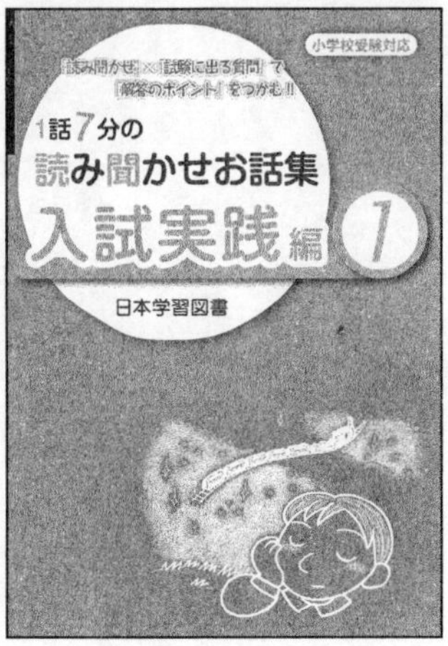

# 1話7分の読み聞かせお話集
# 入試実践編①

国立・私立小学校受験対応

最長1,700文字の長文のお話を掲載。有名でない＝「聞いたことのない」お話を聞くことで、『集中力』のアップを目指します。設問も、実際の試験を意識した設問としています。ペーパーテスト実施校の多くが「お話の記憶」の問題を出題します。毎日の「読み聞かせ」と「試験に出る質問」で、「解答のポイント」をつかんで臨みましょう！

50話収録

# ニチガクの　この5冊で受験準備も万全！

### 小学校受験入門
## 願書の書き方から面接まで　リニューアル版

主要私立・国立小学校の願書・面接内容を中心に、学校選びや入試の分野傾向、服装コーディネート、持ち物リストなども網羅し、受験準備全体をサポートします。

### 小学校受験で
## 知っておくべき125のこと

小学校受験の基本から怪しい「ウワサ」まで、保護者の方々からの 125 の質問にていねいに解答。目からウロコのお受験本。

### 新　小学校受験の
## 入試面接Q＆A　リニューアル版

過去十数年に遡り、面接での質問内容を網羅。小学校別、父親・母親・志願者別、さらに学校のこと・志望動機・お子さまについてなど分野ごとに模範解答例やアドバイスを掲載。

### 新　願書・アンケート
## 文例集500　リニューアル版

有名私立小、難関国立小の願書やアンケートに記入するための適切な文例を、質問の項目別に収録。合格を掴むためのヒントが満載！願書を書く前に、ぜひ一度お読みください。

### 小学校受験に関する
## 保護者の悩みQ＆A

保護者の方約 1,000 人に、学習・生活・躾に関する悩みや問題を取材。その中から厳選した 200 例以上の悩みに、「ふだんの生活」と「入試直前」のアドバイス２本立てで悩みを解決。

日本学習図書株式会社

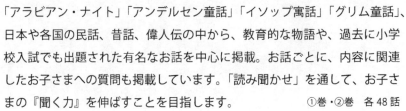

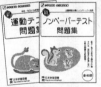

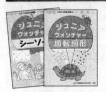

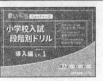

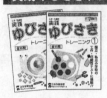

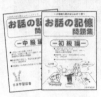

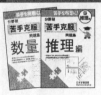

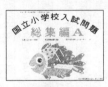

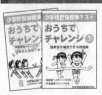

# 分野別 小学入試練習帳 ジュニアウォッチャー

| | |
|---|---|
| 1. 点・線図形 | 小学校入試で出題頻度の高い『点・線図形』の模写を、難易度の低いものから段階別に幅広く練習することができるように構成。 |
| 2. 座標 | 図形の位置模写という作業を、難易度の低いものから段階別に練習できるように構成。 |
| 3. パズル | 様々なパズルの問題を難易度の低いものから段階別に練習できるように構成。 |
| 4. 同図形探し | 小学校入試で出題頻度の高い、同図形選びの問題を繰り返し練習できるように構成。 |
| 5. 回転・展開 | 図形などを回転、または展開したとき、形がどのように変化するかを学習し、理解を深められるように構成。 |
| 6. 系列 | 数、図形などの様々な系列問題を、難易度の低いものから段階別に練習できるように構成。 |
| 7. 迷路 | 迷路の問題を繰り返し練習できるように構成。 |
| 8. 対称 | 対称に関する問題を４つのテーマに分類し、各テーマごとに問題を段階別に練習できるように構成。 |
| 9. 合成 | 図形の合成に関する問題を、難易度の低いものから段階別に練習できるように構成。 |
| 10. 四方からの観察 | もの（立体）を様々な角度から見て、どのように見えるかを推理する問題を段階別に整理し、１つの形式で複数の問題を練習できるように構成。 |
| 11. いろいろな仲間 | ものや動物、植物の共通点を見つけ、分類していく問題を中心に構成。 |
| 12. 日常生活 | 日常生活における様々な問題を６つのテーマに分類し、各テーマごとに一つの問題形式で複数の問題を練習できるように構成。 |
| 13. 時間の流れ | 『時間』に着目し、様々なものごとは、時間が経過するとどのように変化するのかということを学習し、理解できるように構成。 |
| 14. 数える | 様々なものを『数える』ことから、数の多少の判定やかけ算、わり算の基礎までを練習できるように構成。 |
| 15. 比較 | 比較に関する問題を５つのテーマ（数、高さ、長さ、量、重さ）に分類し、各テーマごとに問題を段階別に練習できるように構成。 |
| 16. 積み木 | 数える対象を積み木に限定した問題集。 |
| 17. 言葉の音遊び | 言葉の音に関する問題を５つのテーマに分類し、各テーマごとに問題を段階別に練習できるように構成。 |
| 18. いろいろな言葉 | 表現力をより豊かにするいろいろな言葉として、擬態語や擬声語、同音異義語、反意語、数詞を取り上げた問題集。 |
| 19. お話の記憶 | お話を聴いてその内容を記憶、理解し、設問に答える形式の問題集。 |
| 20. 見る記憶・聴く記憶 | 「見て憶える」「聴いて憶える」という『記憶』分野に特化した問題集。 |
| 21. お話作り | いくつかの絵を元にしてお話を作る練習をして、想像力を養うことができるように構成。 |
| 22. 想像画 | 描かれてある形や景色に好きな絵を描くことにより、想像力を養うことができるように構成。 |
| 23. 切る・貼る・塗る | 小学校入試で出題頻度の高い、はさみやのりなどを用いた巧緻性の問題を繰り返し練習できるように構成。 |
| 24• 絵画 | 小学校入試で出題頻度の高い、お絵かきやぬり絵などクレヨンやクーピーペンを用いた巧緻性の問題を繰り返し練習できるように構成。 |
| 25. 生活巧緻性 | 小学校入試で出題頻度の高い日常生活の様々な場面における巧緻性の問題集。 |
| 26. 文字・数字 | ひらがなの清音、濁音、拗音、拗長音、促音と１～20までの数字に焦点を絞り、練習できるように構成。 |
| 27. 理科 | 小学校入試で出題頻度が高くなりつつある理科の問題を集めた問題集。 |
| 28. 運動 | 出題頻度の高い運動問題を種目別に分けて構成。 |
| 29. 行動観察 | 項目ごとに問題提起をし、「このような時はどうか、あるいはどう対処するのか」の観点から問いかける形式の問題集。 |
| 30. 生活習慣 | 学校から家庭に提起された問題と思って、一問一問絵を見ながら話し合い、考える形式の問題集。 |
| 31. 推理思考 | 数、量、言語、常識（含理科、一般）など、諸々のジャンルから問題を構成し、近年の小学校入試問題傾向に沿って構成。 |
| 32. ブラックボックス | 箱や筒の中を通ると、どのようなお約束でどのように変化するかを推理・思考する問題集。 |
| 33. シーソー | 重さの違うものをシーソーに乗せた時どちらに傾くのか、またどうすればシーソーは釣り合うのかを思考する基礎的な問題集。 |
| 34. 季節 | 様々な行事や植物などを季節別に分類できるように知識をつける問題集。 |
| 35. 重ね図形 | 小学校入試で頻繁に出題されている「図形を重ね合わせてできる形」についての問題を集めました。 |
| 36. 同数発見 | 様々な物を数え「同じ数」を発見し、数の多少の判断や数の認識の基礎を学べるように構成した問題集。 |
| 37. 選んで数える | 数の学習の基本となる、いろいろなものの数を正しく数える学習を行う問題集。 |
| 38. たし算・ひき算１ | 数字を使わず、たし算とひき算の基礎を身につけるための問題集。 |
| 39. たし算・ひき算２ | 数字を使わず、たし算とひき算の基礎を身につけるための問題集。 |
| 40. 数を分ける | 数を等しく分ける問題です。等しく分けたときに余りが出るものもあります。 |
| 41. 数の構成 | ある数がどのような数で構成されているか学んでいきます。 |
| 42. 一対多の対応 | 一対一の対応から、一対多の対応まで、かけ算の考え方の基礎学習を行います。 |
| 43. 数のやりとり | あげたり、もらったり、数の変化をしっかりと学びます。 |
| 44. 見えない数 | 指定された条件から数を導き出します。 |
| 45. 図形分割 | 図形の分割に関する問題集。パズルや合成の分野にも通じる様々な問題を集めました。 |
| 46. 回転図形 | 「回転図形」に関する問題集。やさしい問題から始め、いくつかの代表的なパターンから、段階を踏んで学習できるよう編集されています。 |
| 47. 座標の移動 | 「マス目の指示通りに移動する問題」と「指示された数だけ移動する問題」を収録。 |
| 48. 鏡図形 | 鏡で左右反転させた時の見え方を考えます。平面図形から立体図形、文字、絵まで。 |
| 49. しりとり | すべての学習の基礎となる「言葉」を学ぶこと、特に「語彙」を増やすことに重点をおき、さまざまなタイプの「しりとり」問題を集めました。 |
| 50. 観覧車 | 観覧車やメリーゴーラウンドなどを舞台にした「回転系列」の問題集。「推理思考」分野の問題ですが、要素として「図形」や「数量」も含みます。 |
| 51. 運筆① | 鉛筆の持ち方を学び、点線なぞり、お手本を見ながらの模写で、線を引く練習をします。 |
| 52. 運筆② | 運筆①からさらに発展し、「欠所補完」や「迷路」などを楽しみながら、より複雑な鉛筆運びを習得することを目指します。 |
| 53. 四方からの観察 積み木編 | 積み木を使用した「四方からの観察」に関する問題を練習できるように構成。 |
| 54. 図形の構成 | 見本の図形がどのような部分によって形づくられているかを考えます。 |
| 55. 理科② | 理科的知識に関する問題を集中して練習する「常識」分野の問題集。 |
| 56. マナーとルール | 道路や駅、公共の場でのマナー、安全や衛生に関する常識を学べるように構成。 |
| 57. 置き換え | さまざまな具体的・抽象的事象を記号で表す「置き換え」の問題を扱います。 |
| 58. 比較② | 長さ・高さ・体積・数などを数学的な知識を使わず、論理的に推測する「比較」の問題を練習できるように構成。 |
| 59. 欠所補完 | 線と線のつながり、欠けた絵に当てはまるものなどを求める「欠所補完」に取り組める問題集です。 |
| 60. 言葉の音（おん） | しりとり、決まった順番の音をつなげるなど、「言葉の音」に関する問題に取り組める練習問題集です。 |

# 問題３９

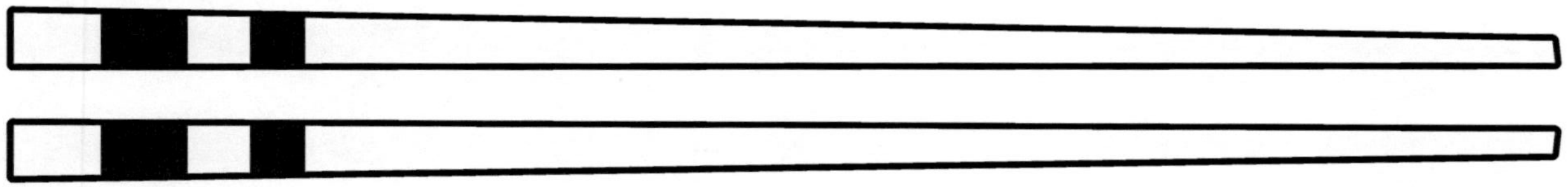

日本学習図書株式会社

# 問題３８

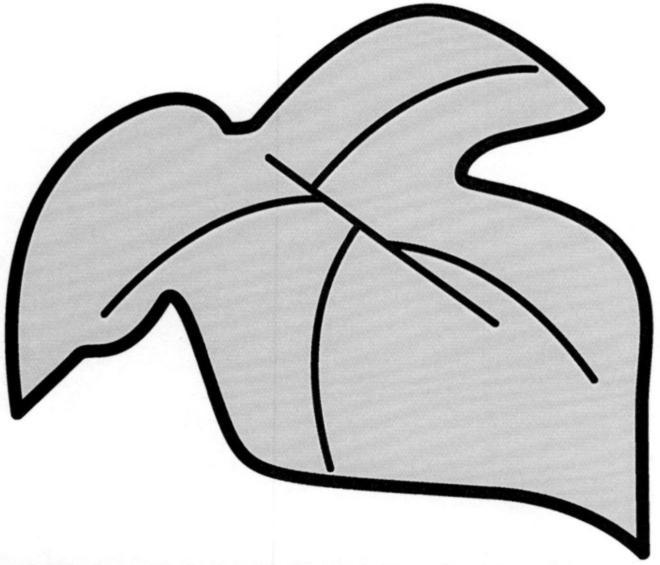

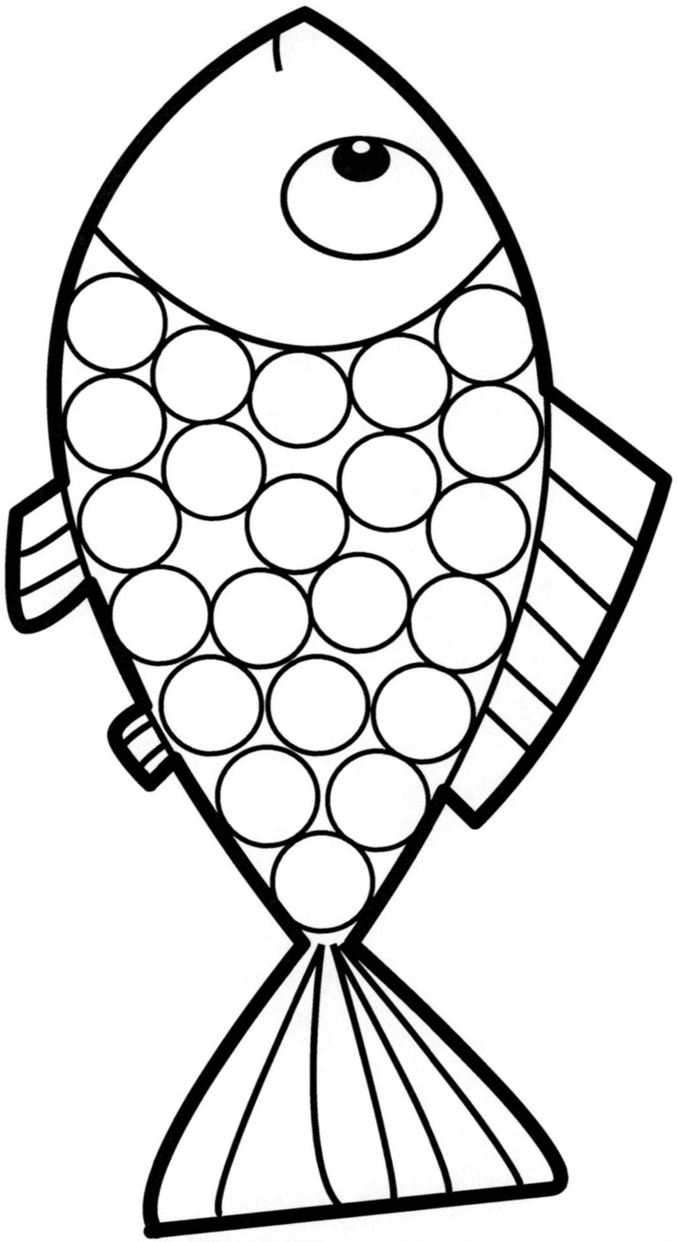

# 問題３７－２

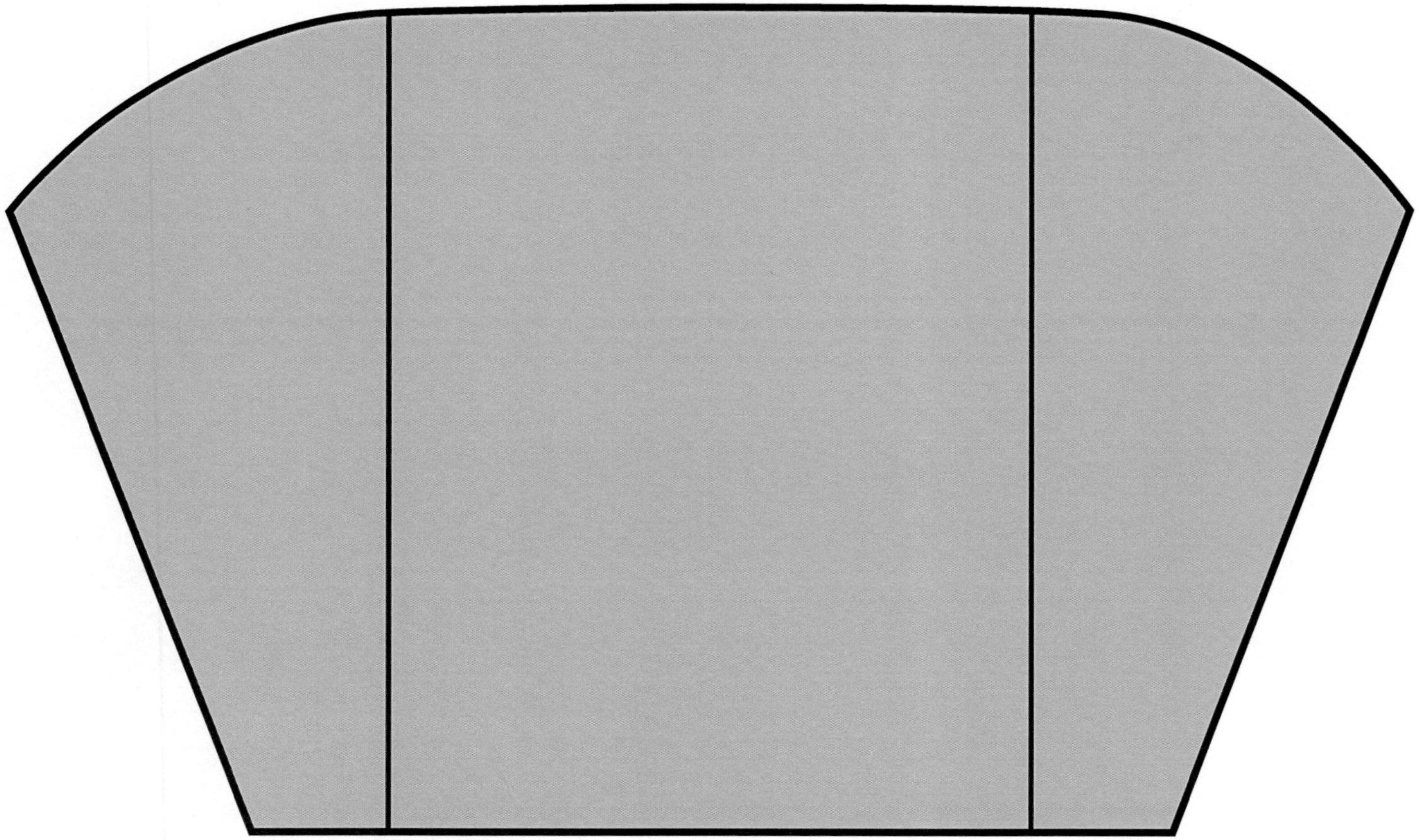

# 問題３７－１

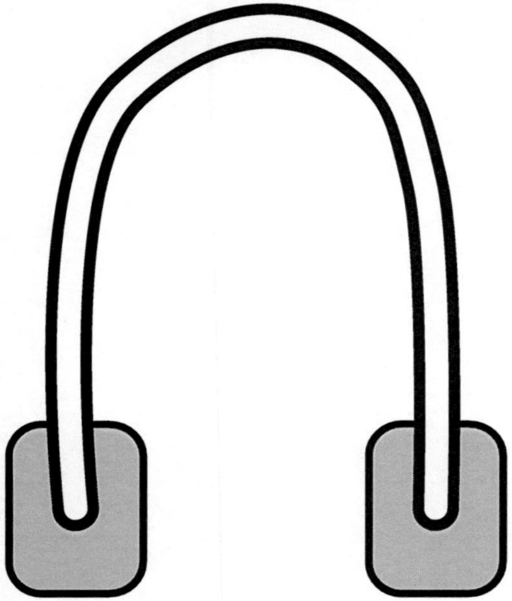

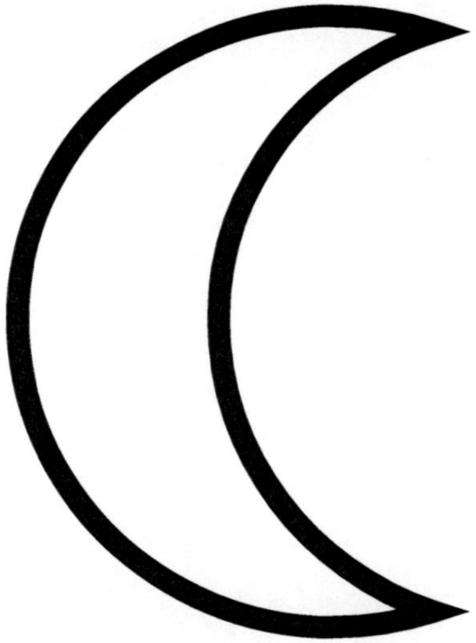

問題36

2022年度　お茶の水　過去　無断複製／転載を禁ずる　日本学習図書株式会社

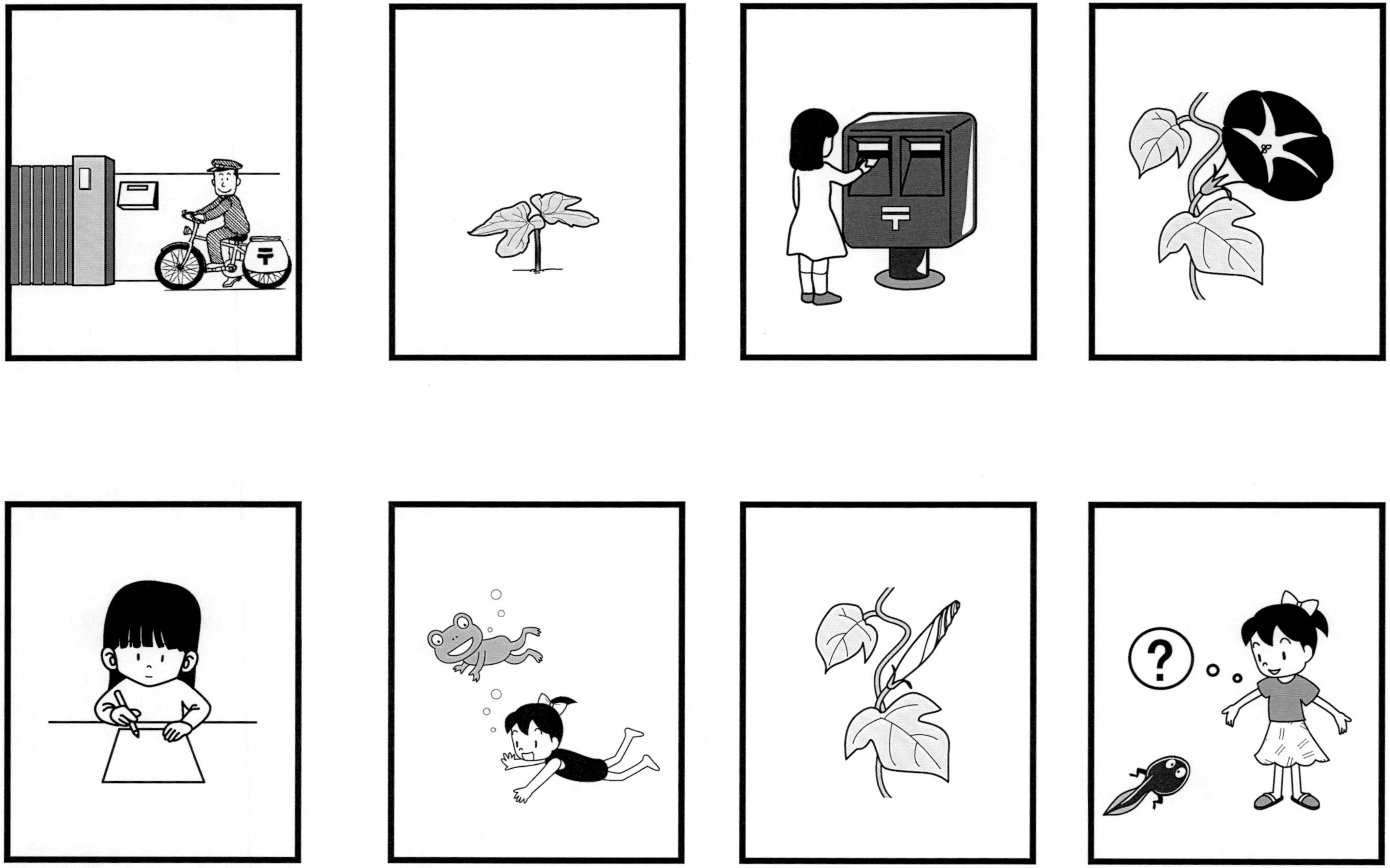

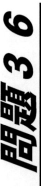

# 問題３５－３

日本学習図書株式会社

# 問題35－2

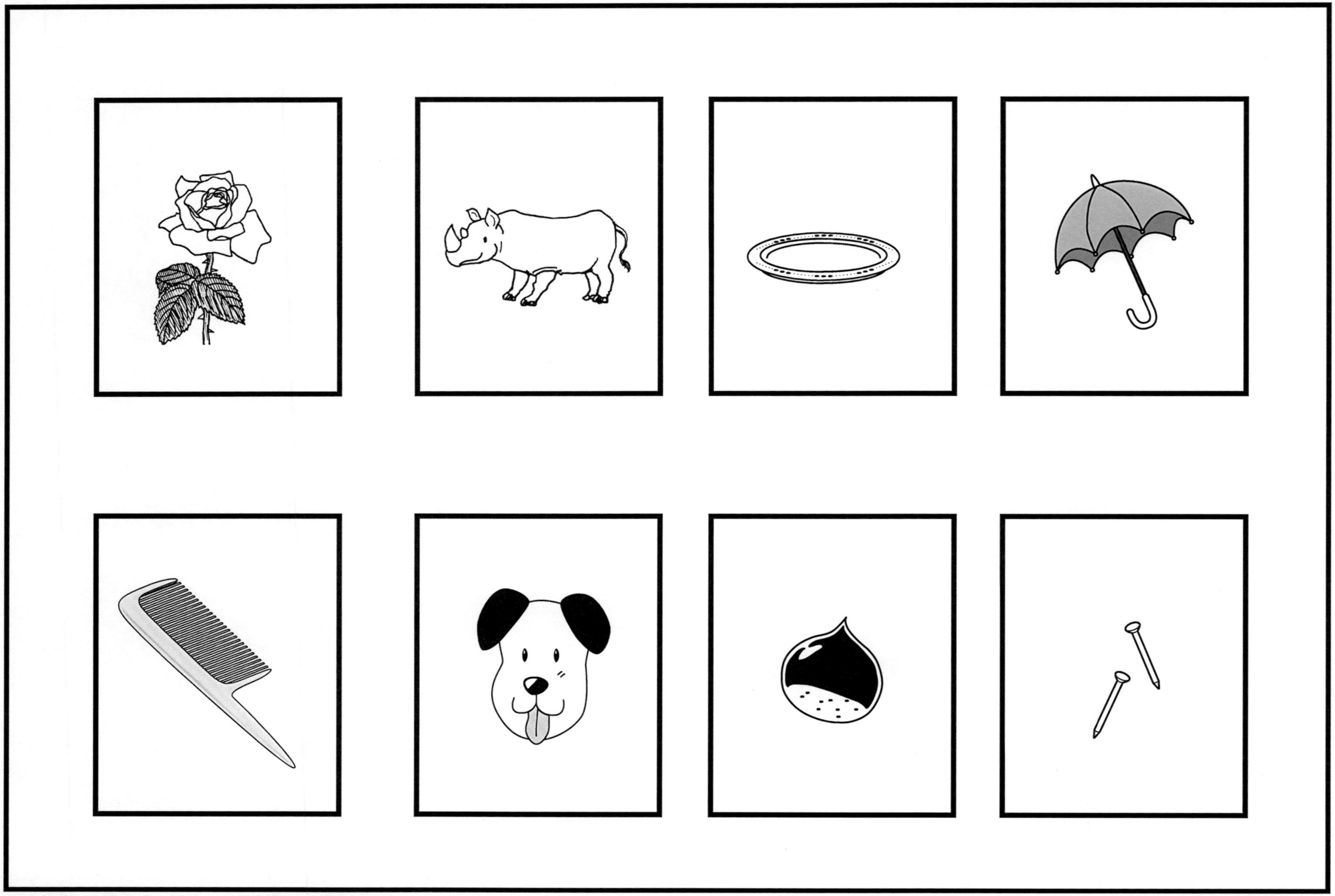

# 問題35－1

# 問題３４－３

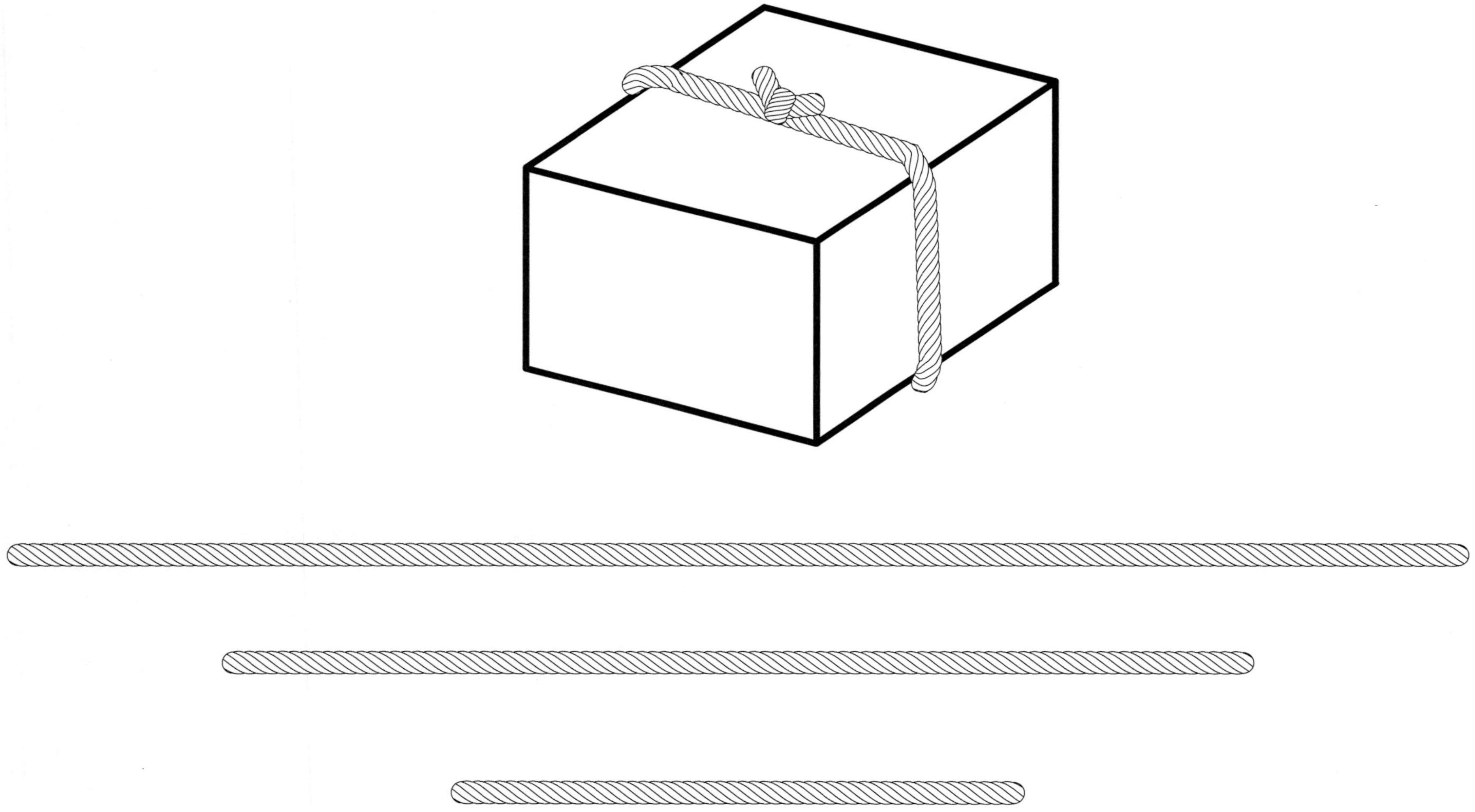

# 問題34－2

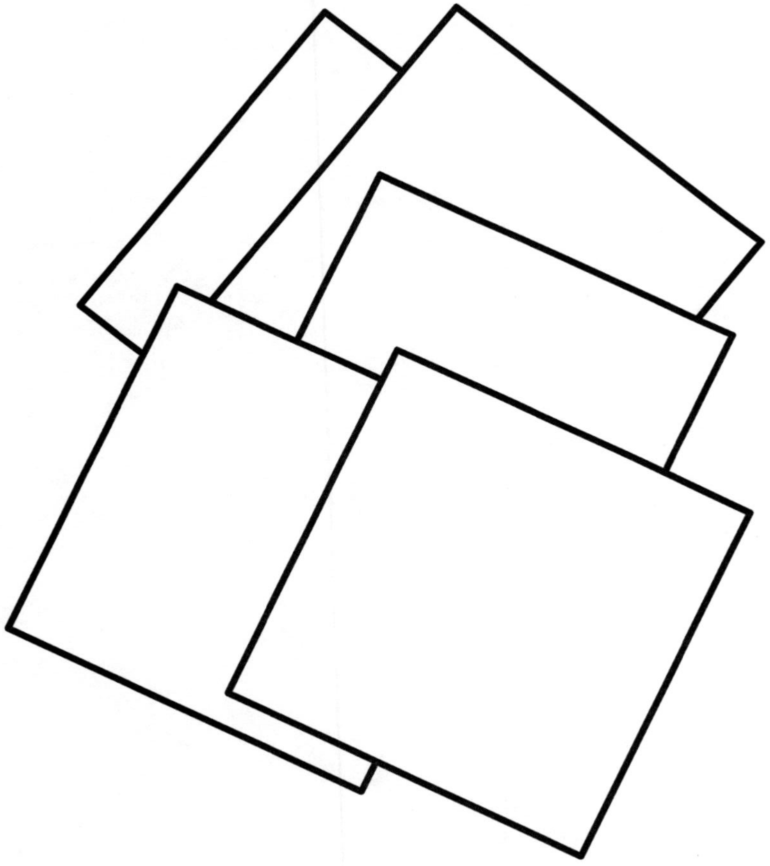

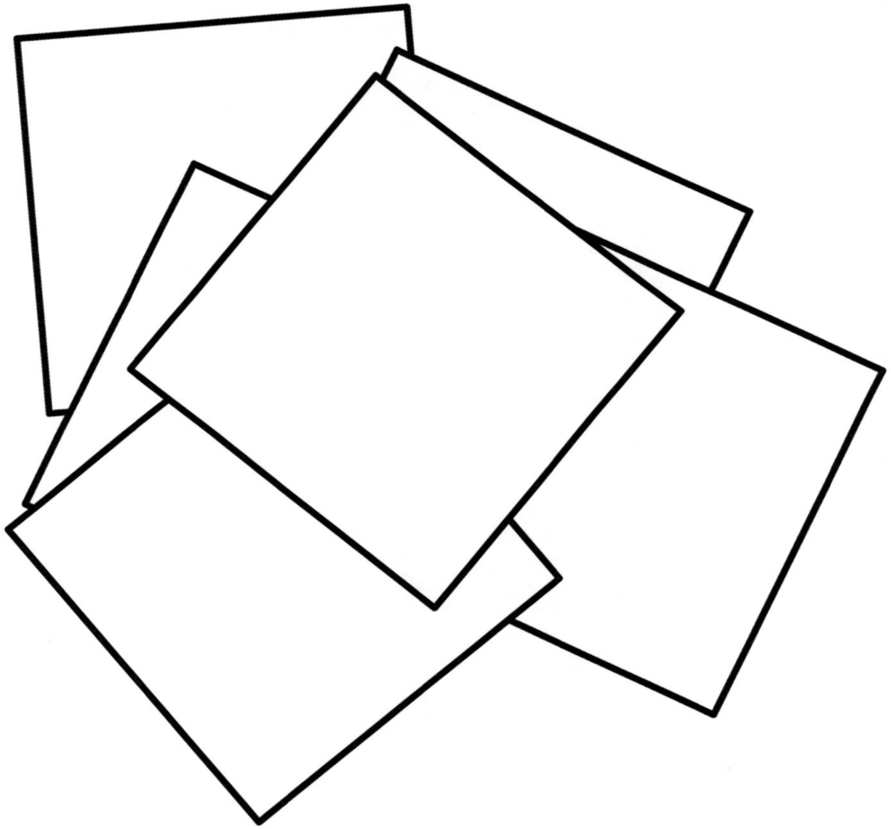

# 問題34－1

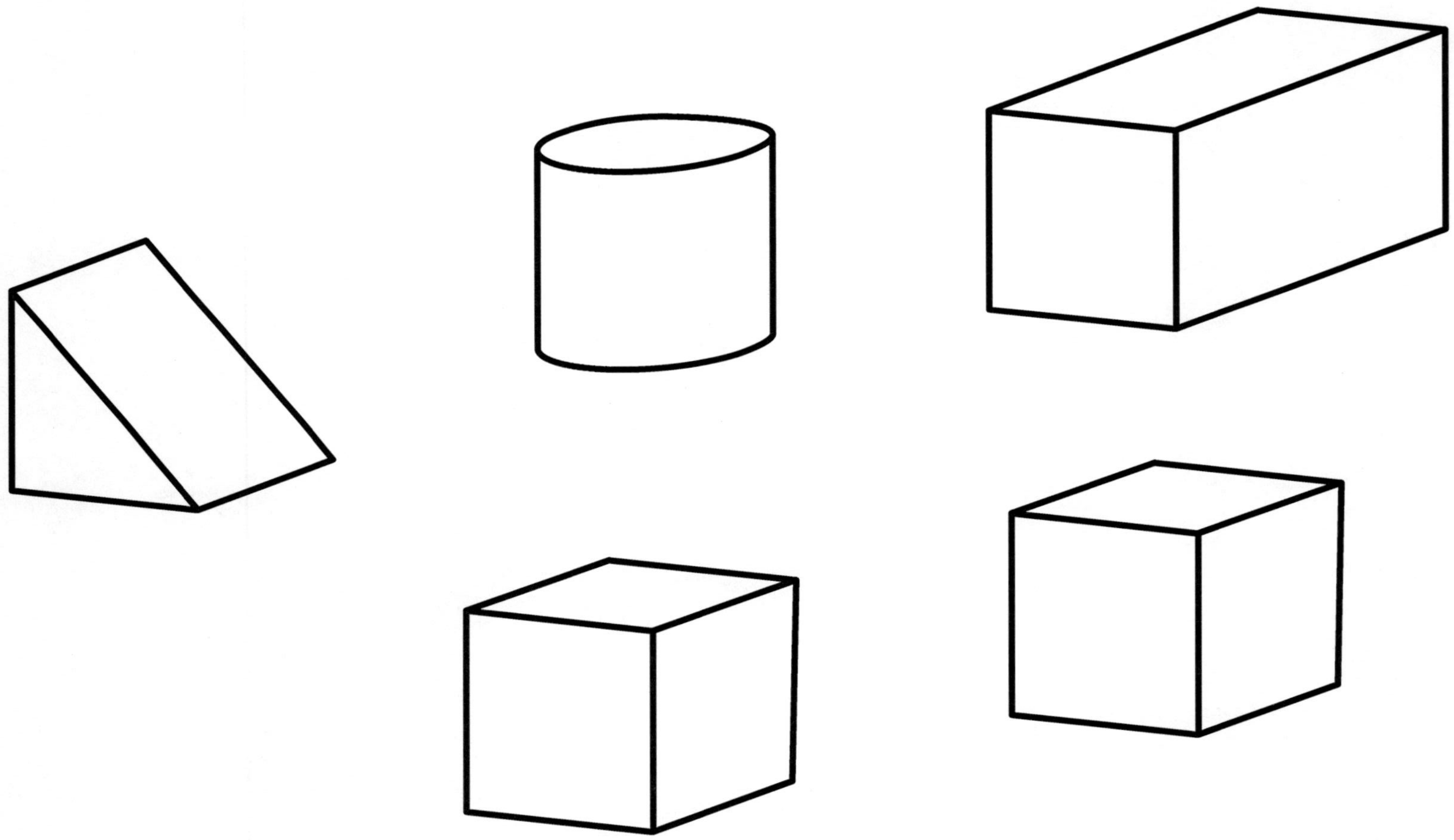

# 問題３３

①

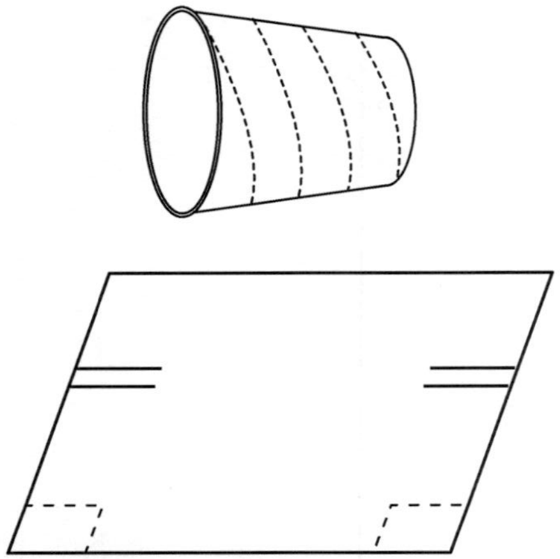

・紙コップと画用紙を切る

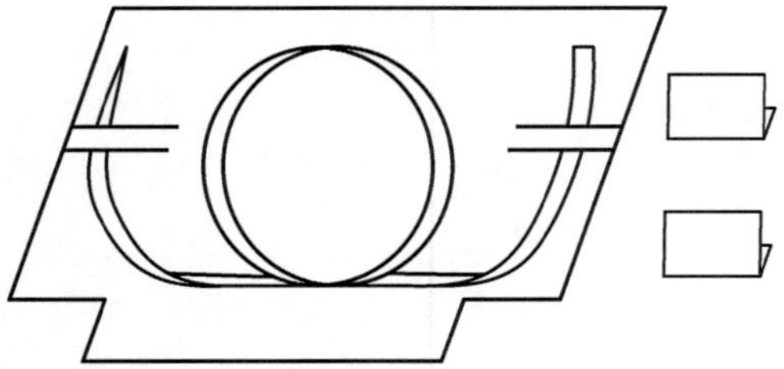

・指示通りに画用紙に置く

・周りに絵を描く

②

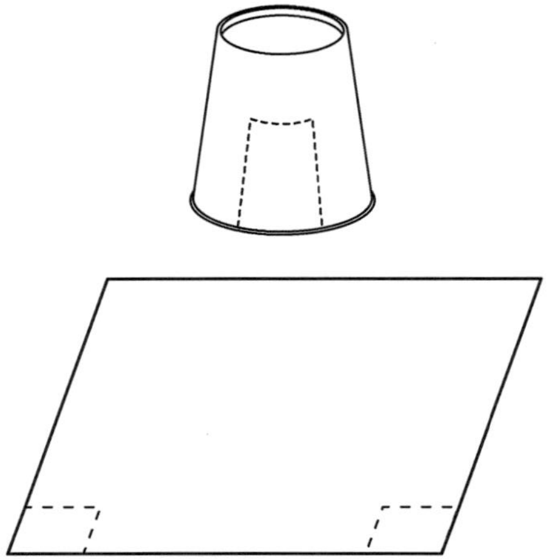

・紙コップと画用紙を切る

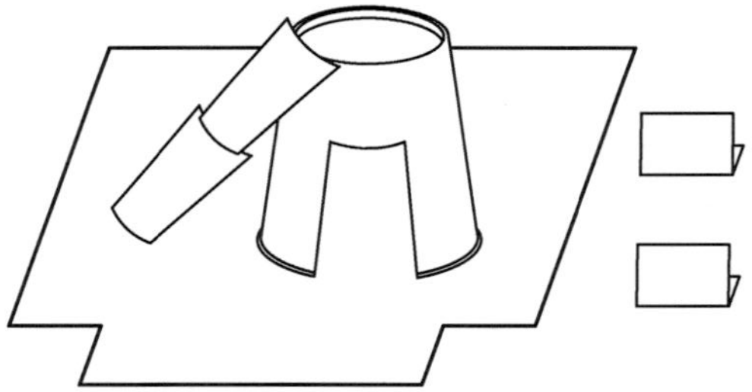

・指示通りに画用紙に置く

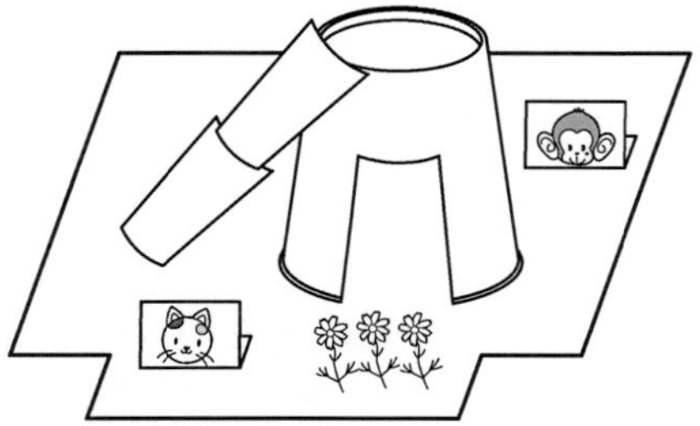

・周りに絵を描く

③

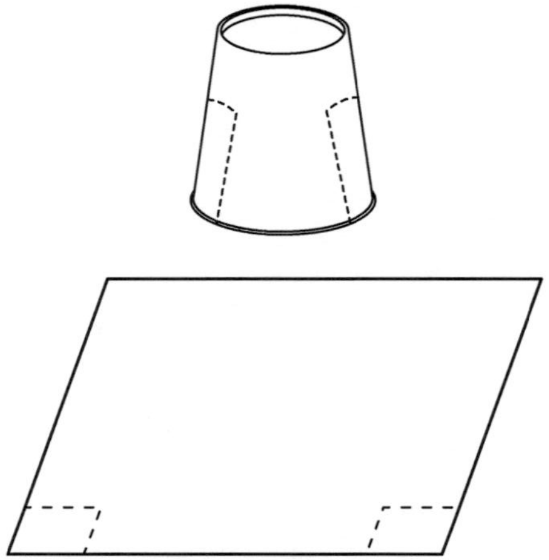

・紙コップと画用紙を切る

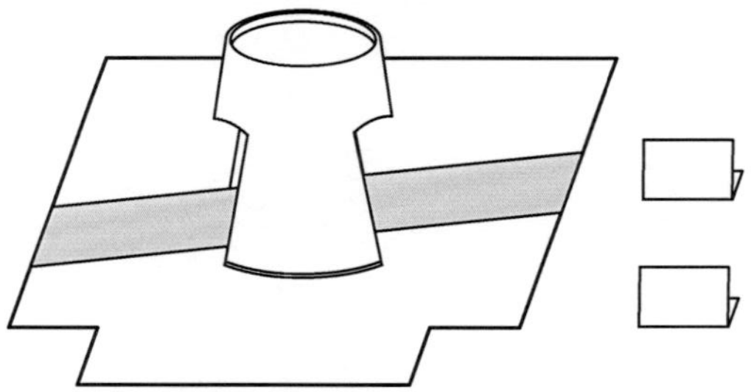

・指示通りに画用紙に置く

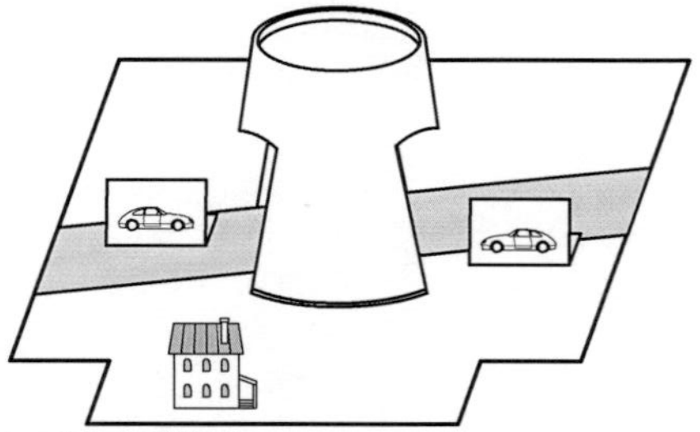

・周りに絵を描く

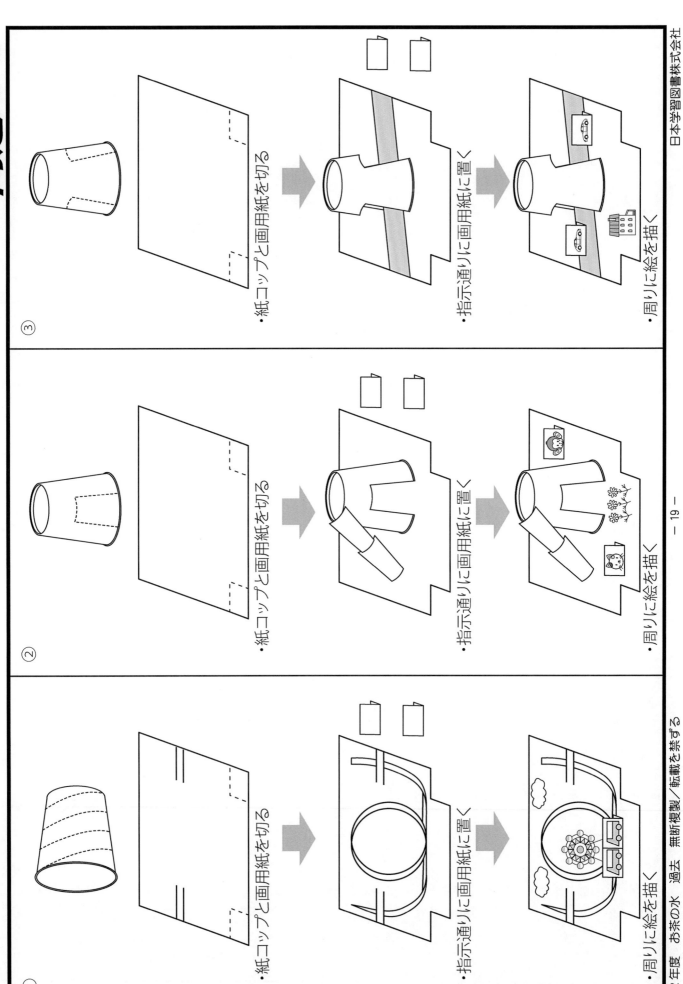

# 問題３１

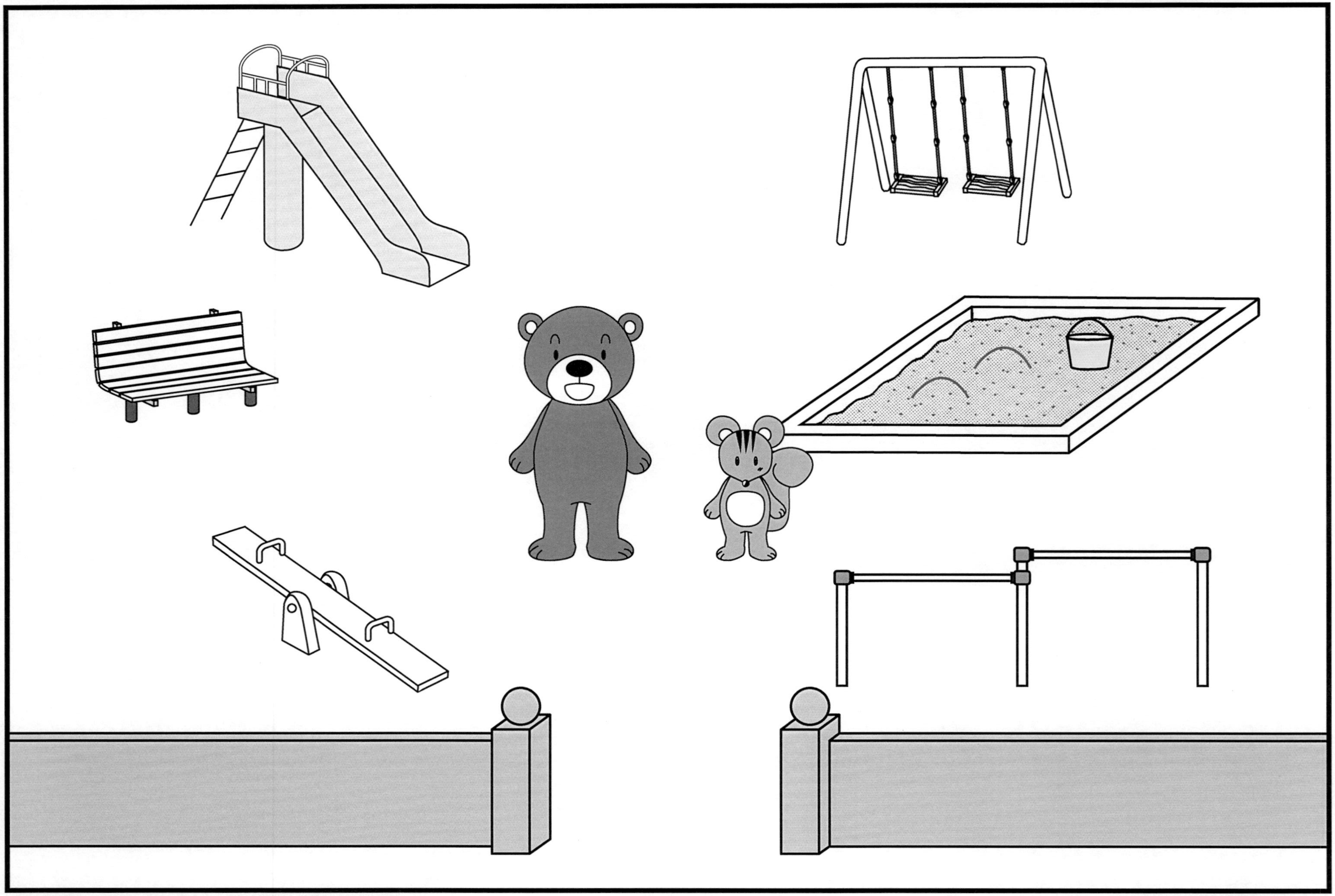

# 問題３０

日本学習図書株式会社

2022 年度　お茶の水　過去　無断複製／転載を禁ずる

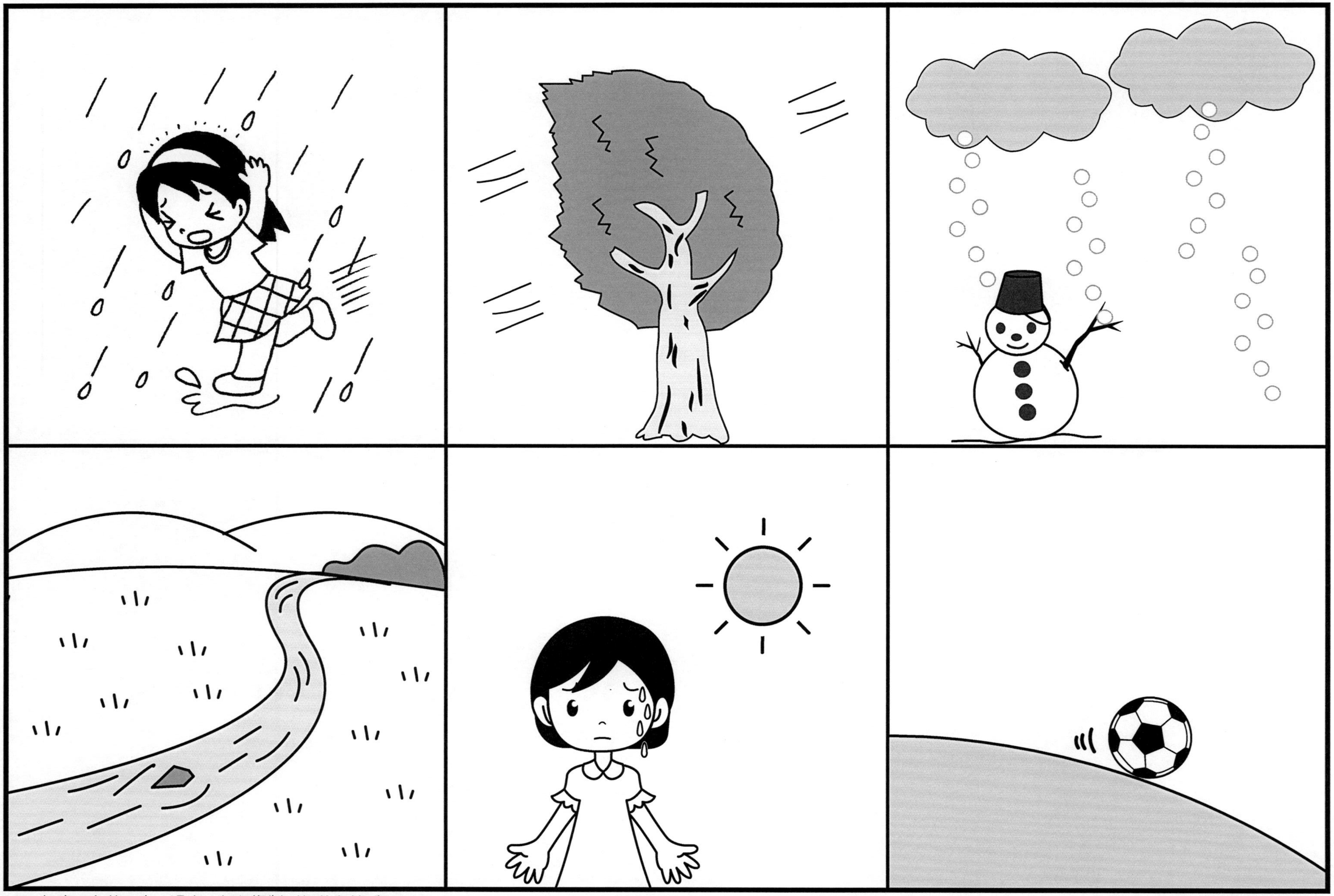

# 問題２８

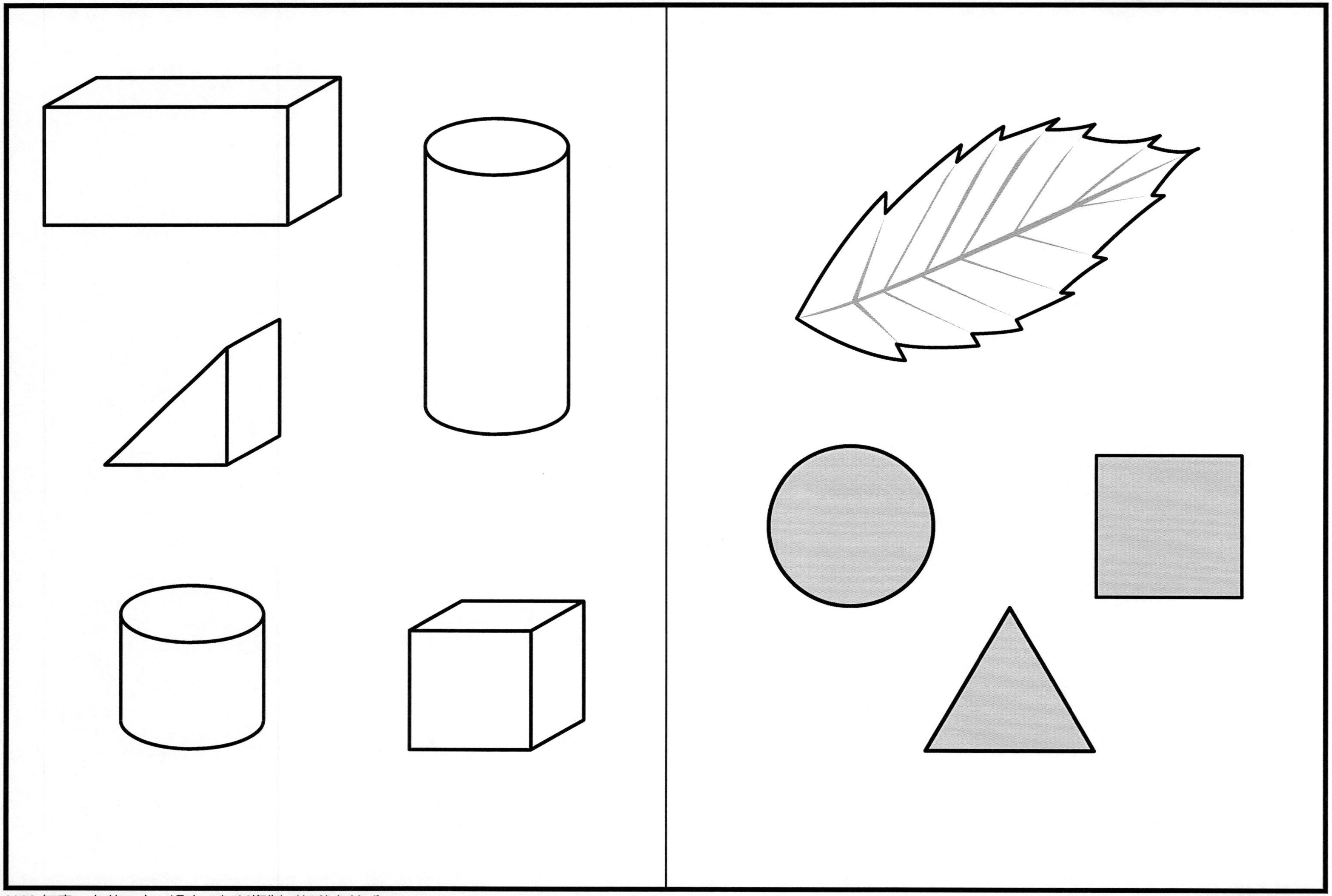

# 問題２７

問題２６

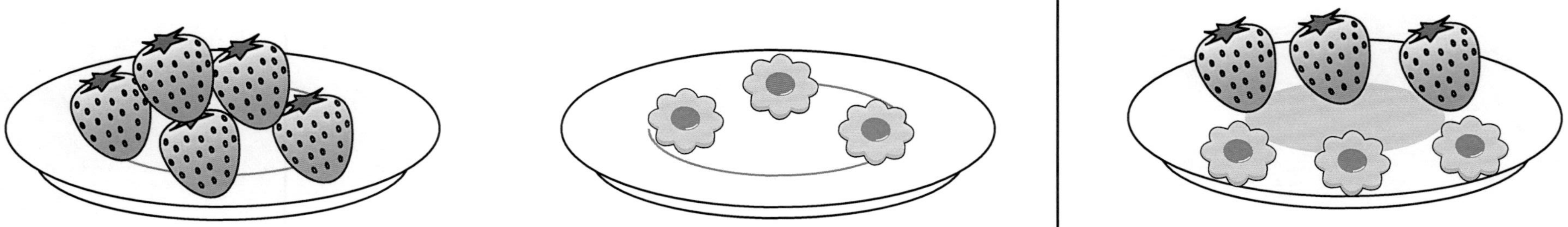

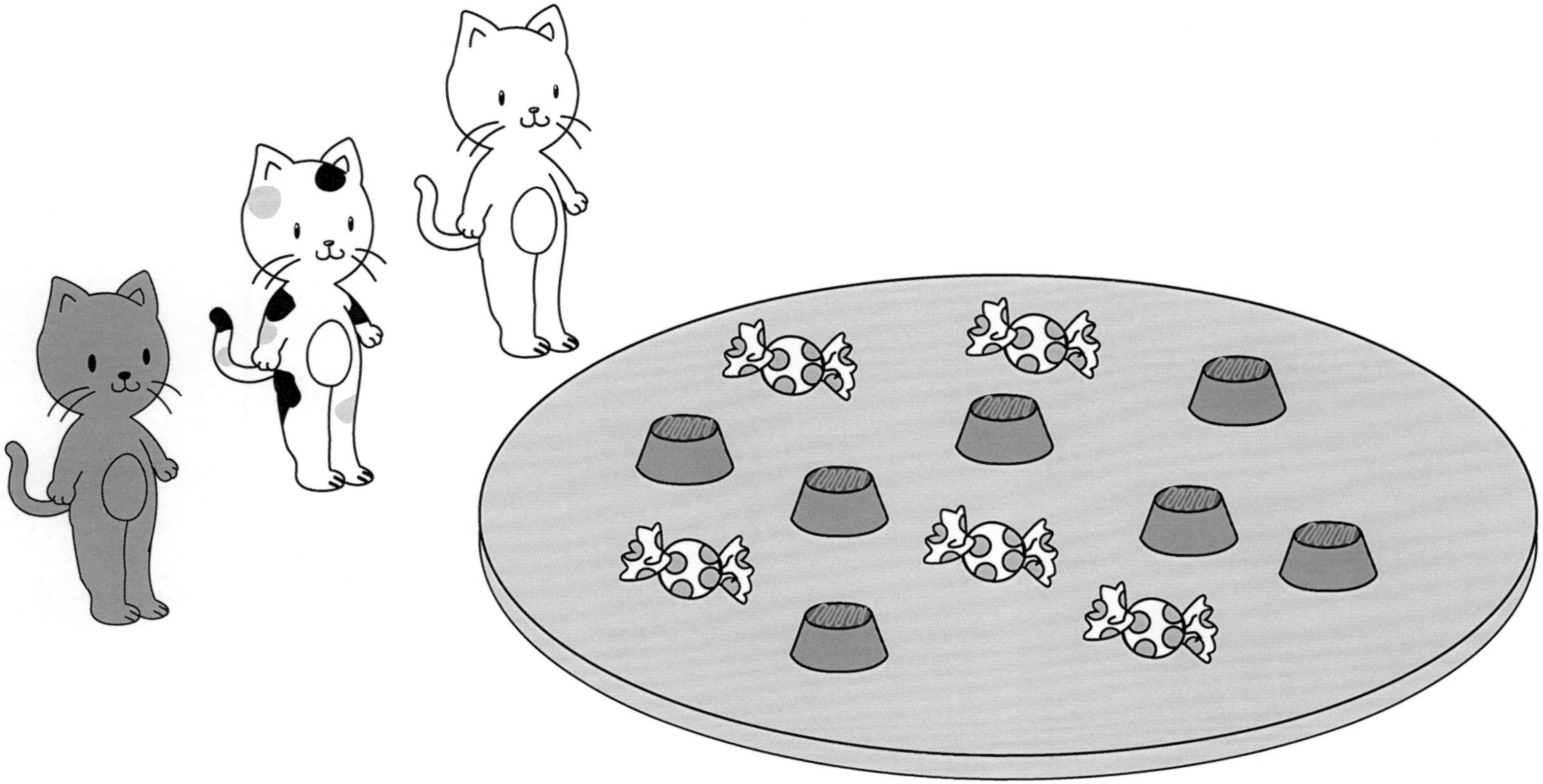

2022 年度　お茶の水　過去　無断複製／転載を禁ずる　　日本学習図書株式会社

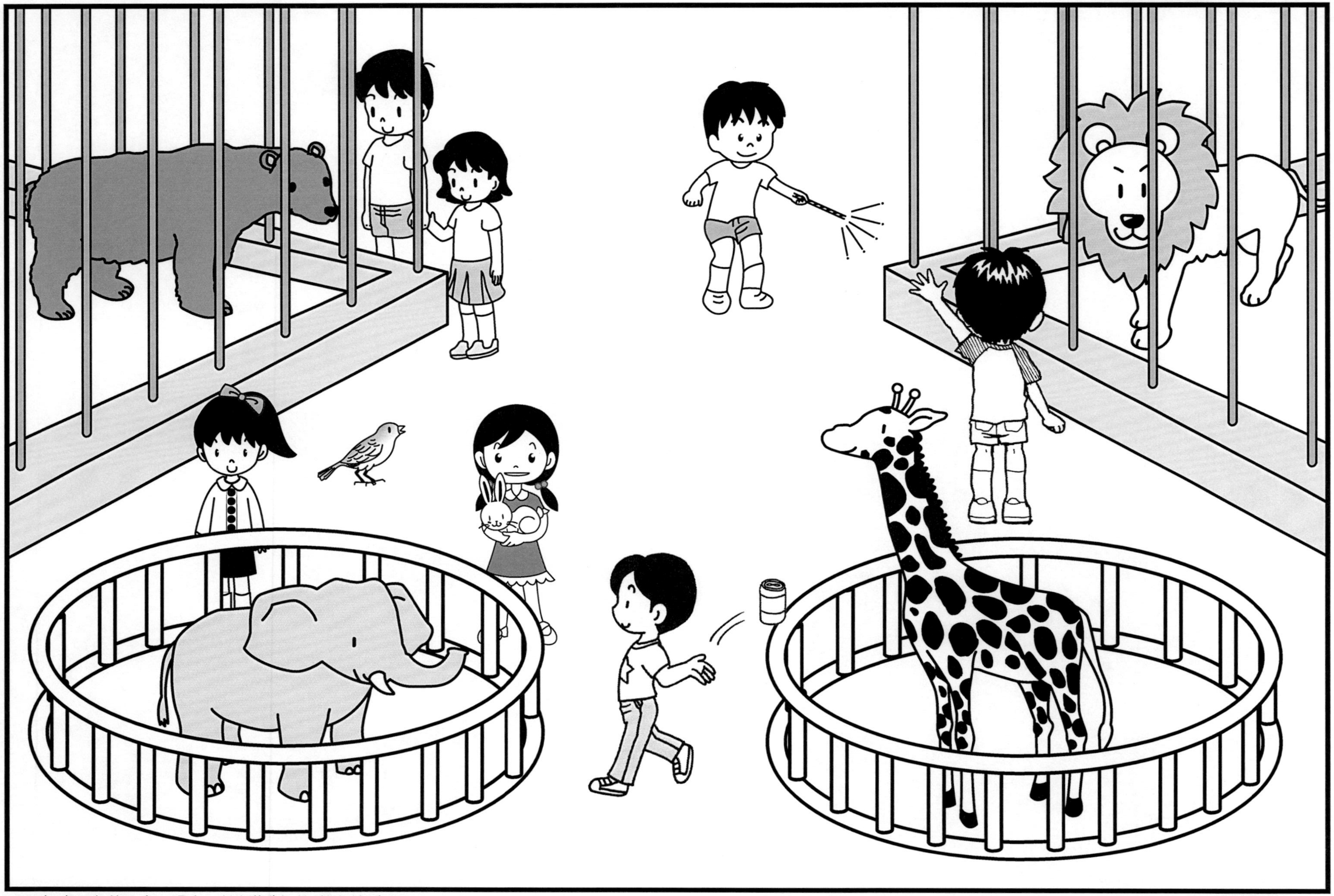

2022年度 お茶の水 過去 無断複製／転載を禁ずる 日本学習図書株式会社

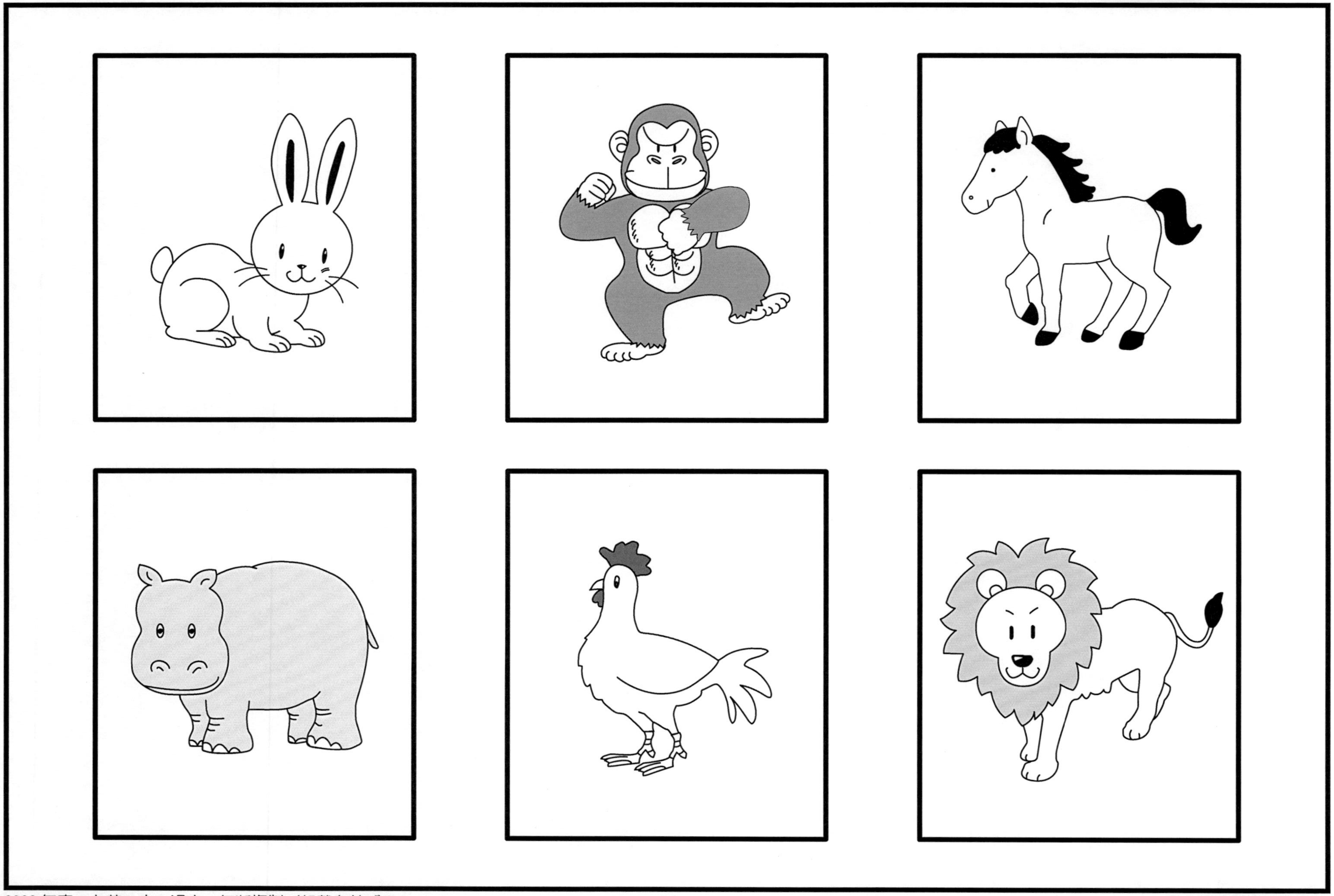

# 問題２３

①

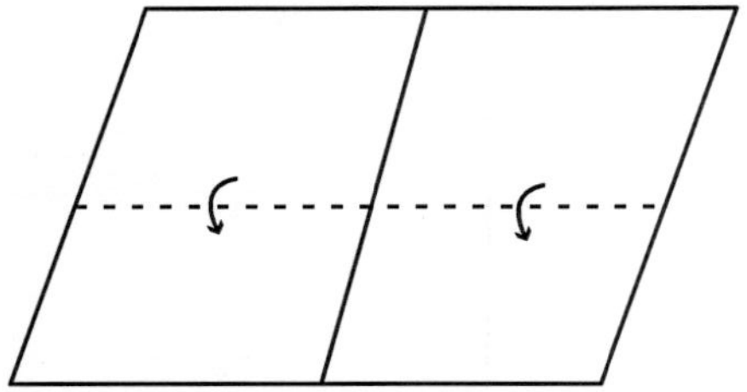

・画用紙を２分割し、中央で谷折りする

・それぞれの面に簡単な絵を描く

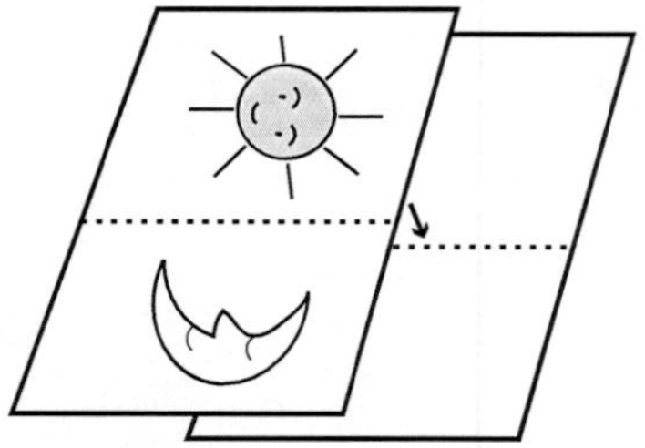

・本になるように貼り合わせる

②

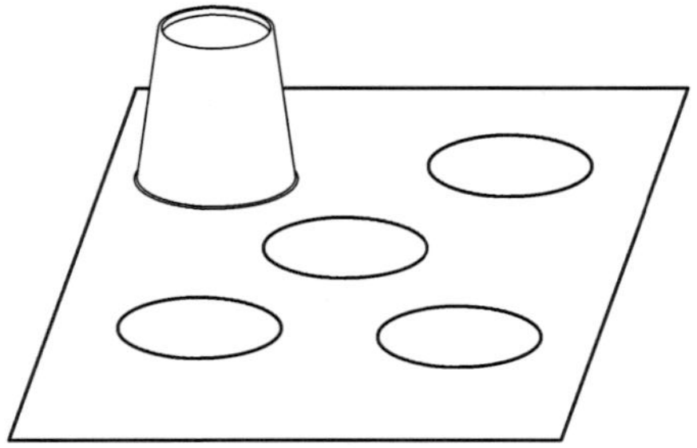

・コップを画用紙にあて、クーピーペンで
５つ○を書いて切り取る

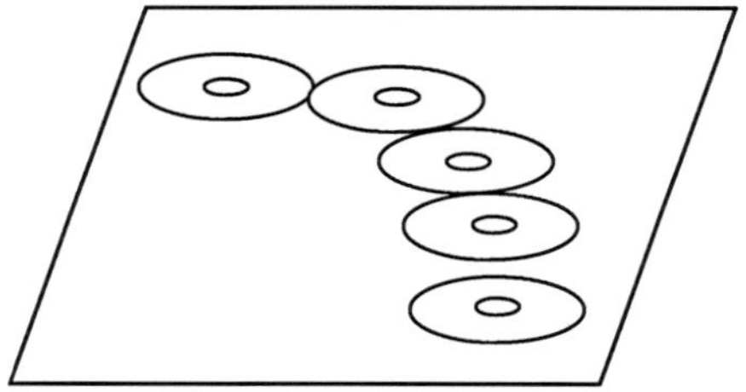

・指示通りに画用紙に置き、画鋲で留める

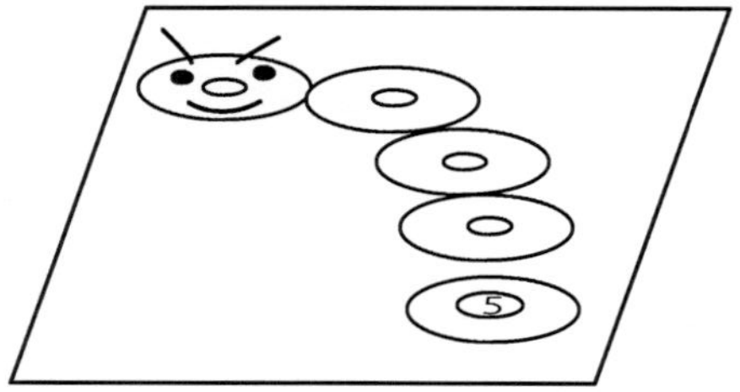


・アオムシの顔を描き、尻尾にシールを貼る

③

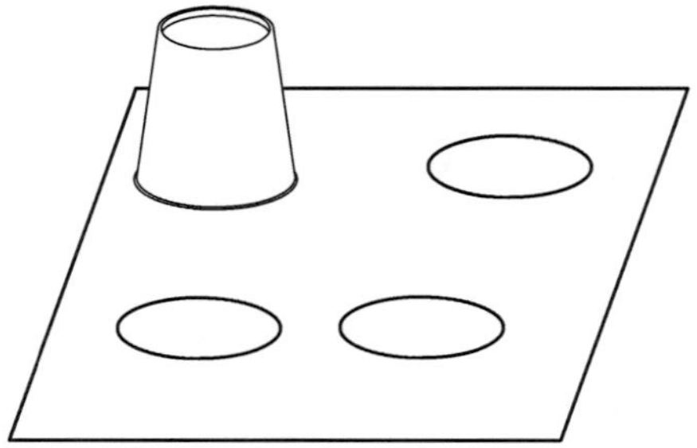

・コップを画用紙にあて、クーピーペンで
４つ○を書いて切り取る

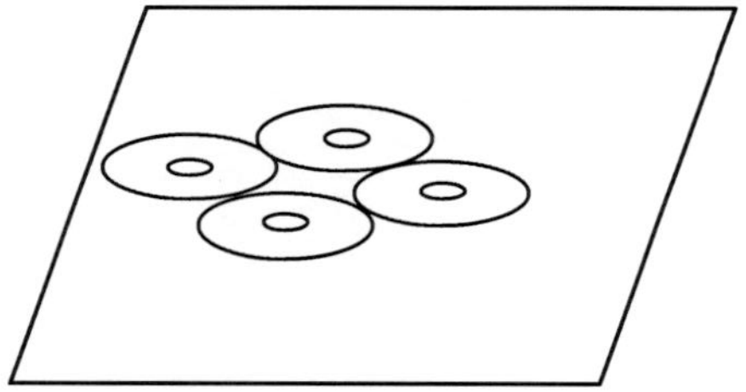

・指示通りに画用紙に置き、画鋲で留める

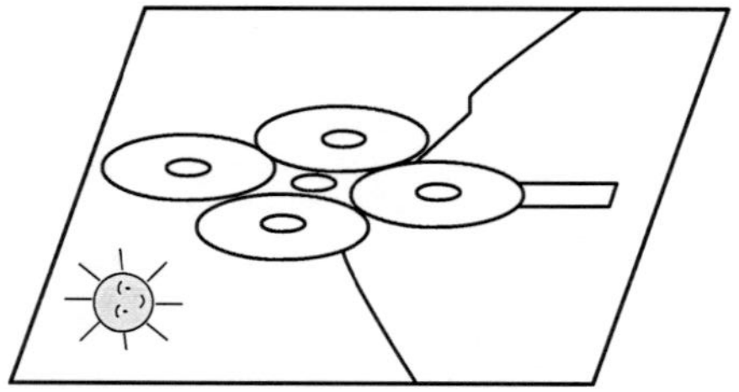

・風車の支柱と軸、周りの風景を描く

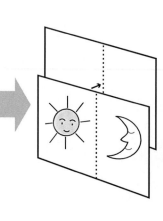

# 問題１９

# 問題18

①

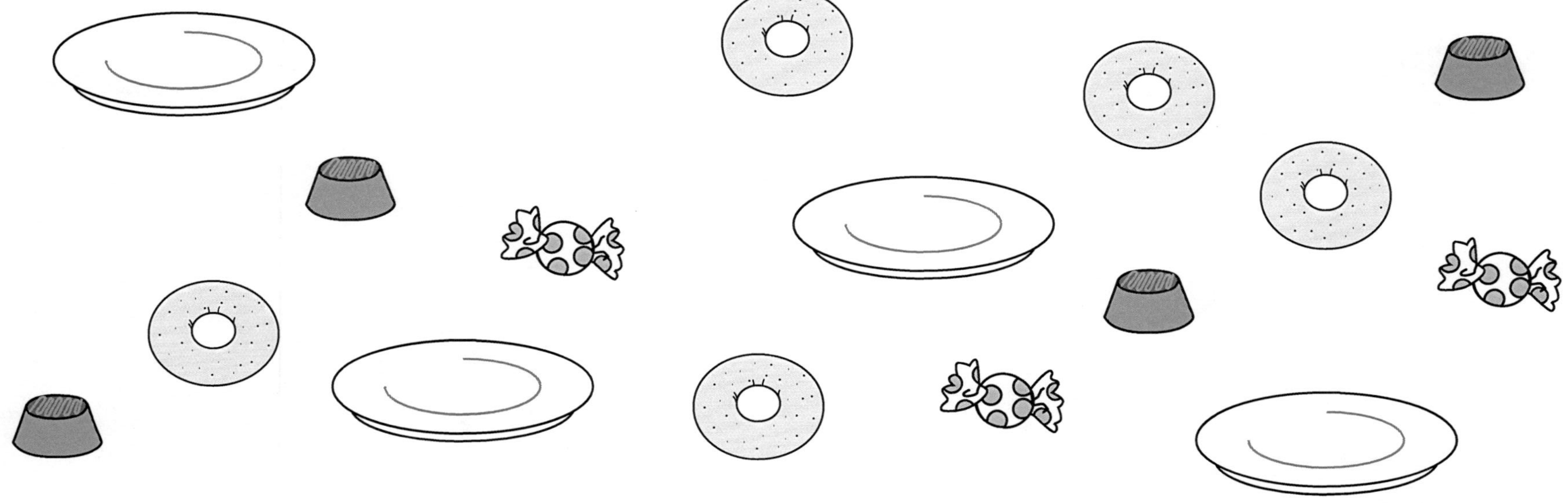

②

2022年度 お茶の水 過去 無断複製／転載を禁ずる 日本学習図書株式会社

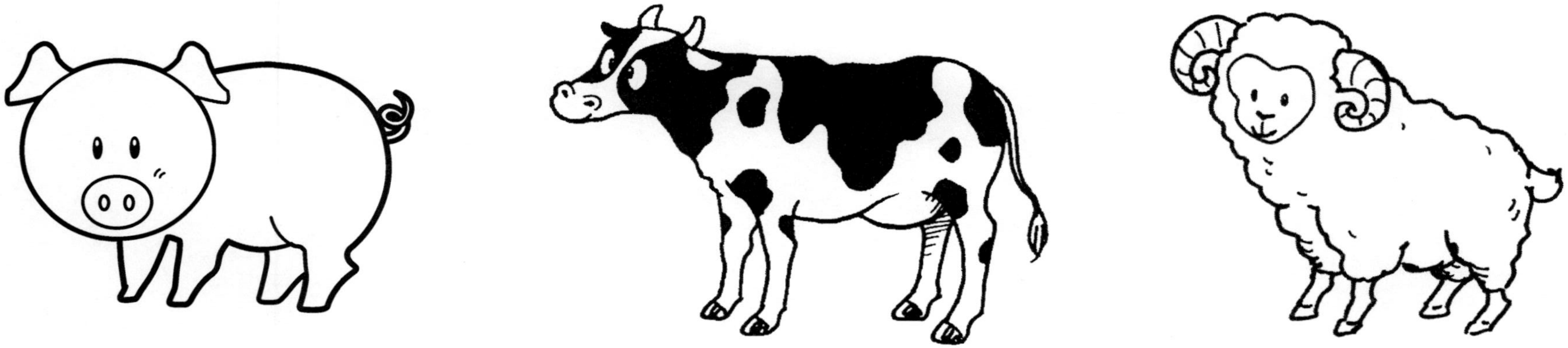

# 問題１４

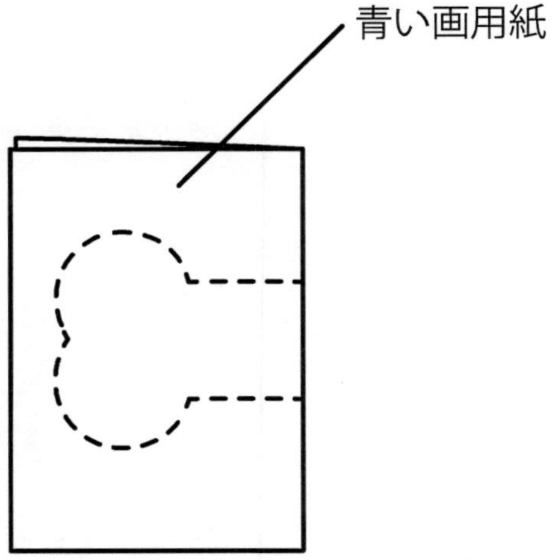


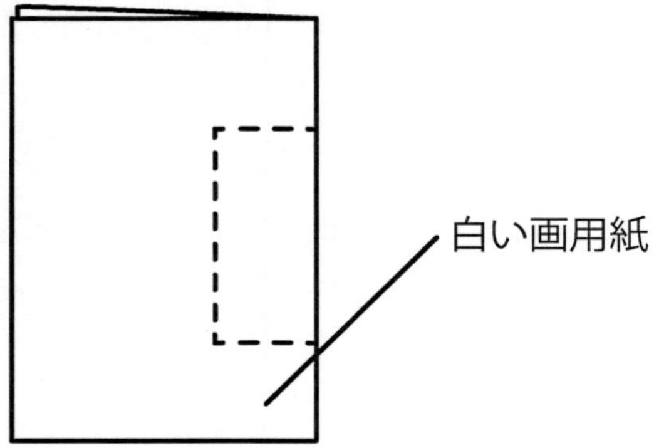


①点線に沿ってハサミで切る。

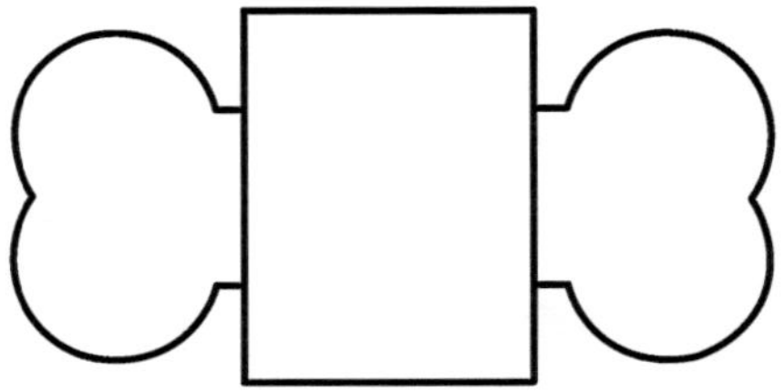

②切ったものを開き、青い画用紙の上に白い画用紙を貼る。

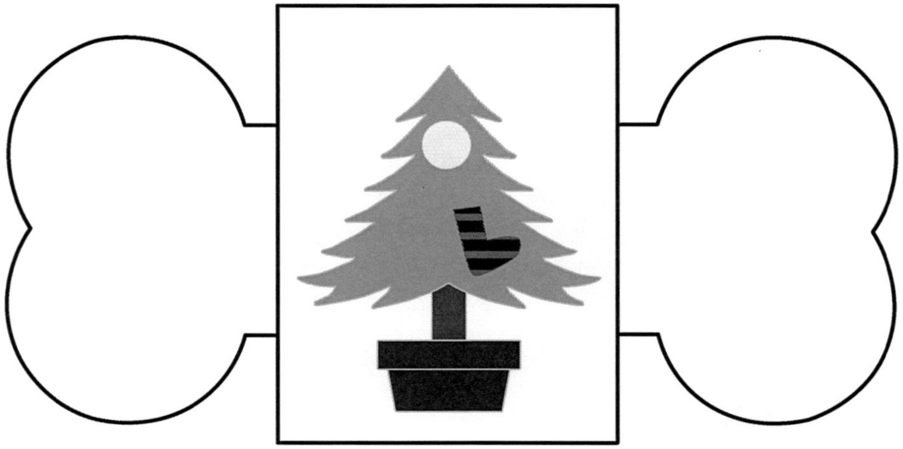

③白い画用紙にクリスマスツリー、赤い玉、靴下を描く。

2022 年度　お茶の水　過去　無断複製／転載を禁ずる　日本学習図書株式会社

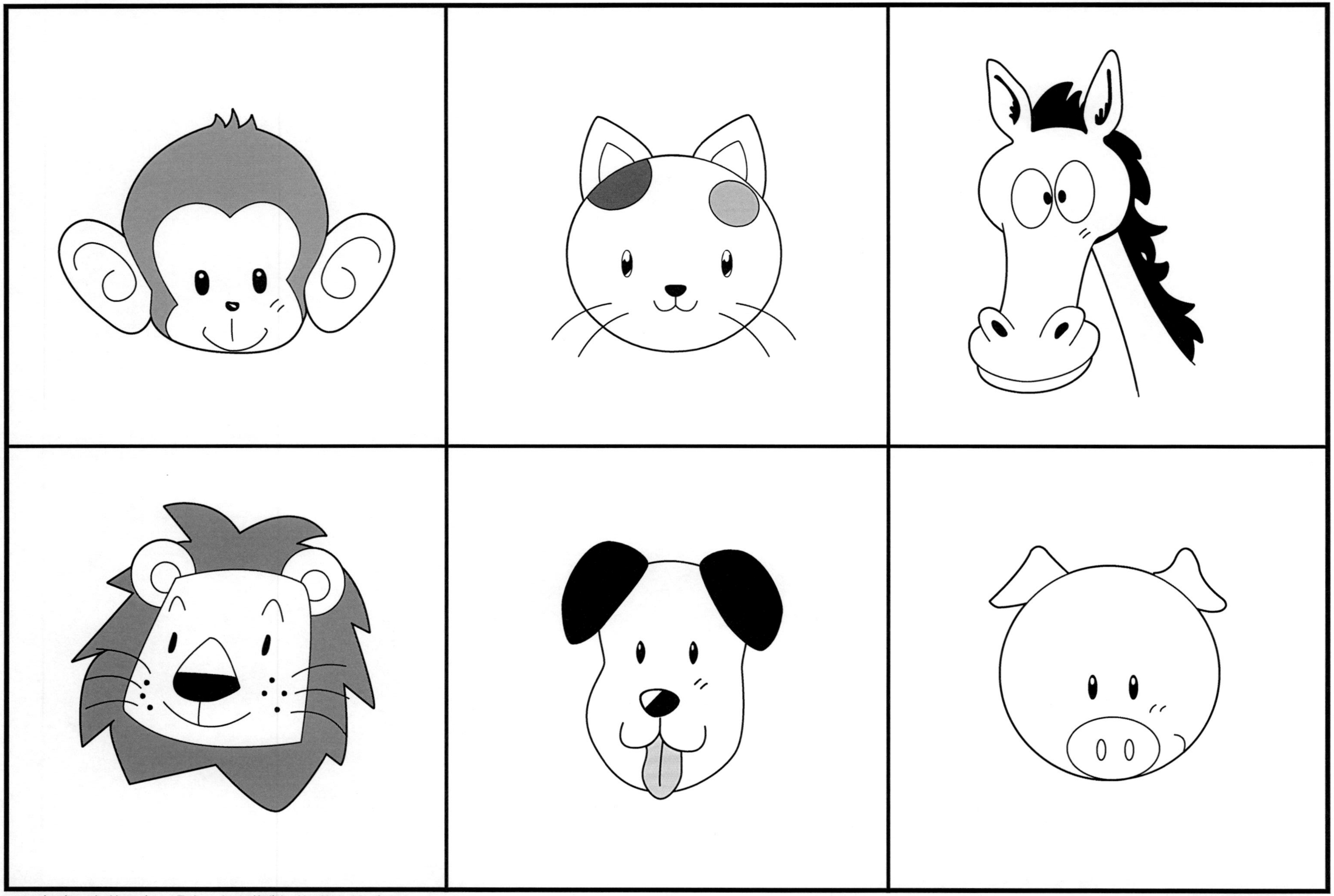

# 問題１２

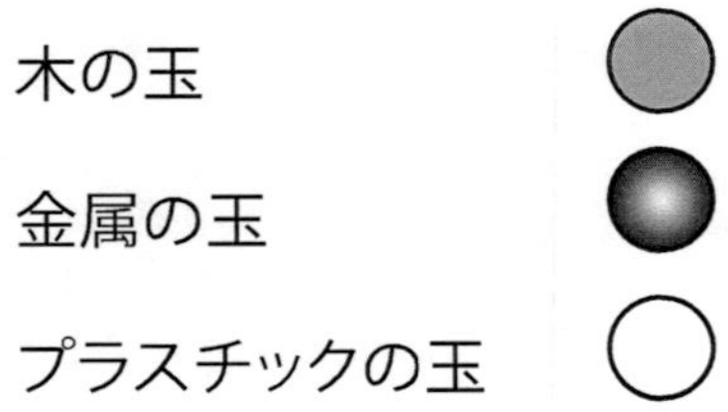


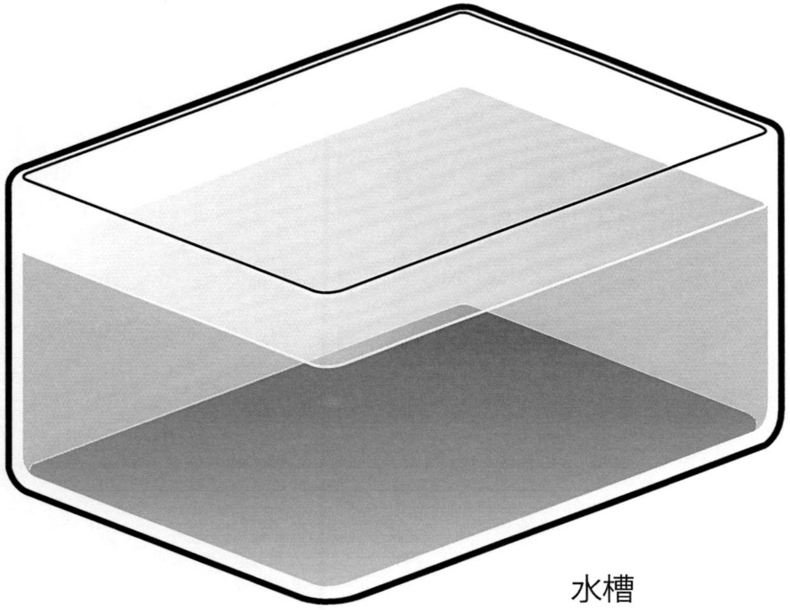


②では木の玉が接着剤で下のようにつなげられている。

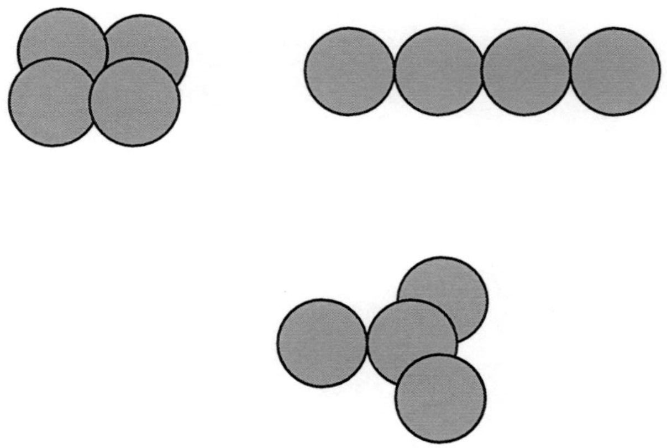

# 問題１１

# 問題１０

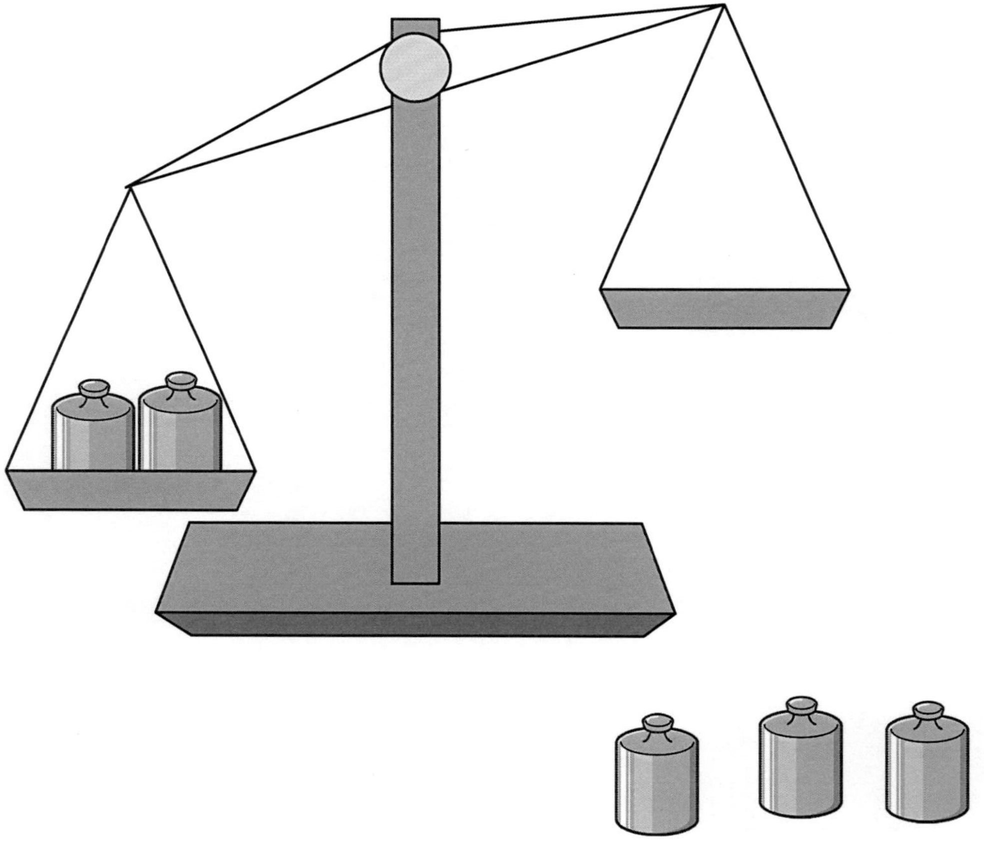

2022 年度 お茶の水 過去 無断複製／転載を禁ずる 日本学習図書株式会社

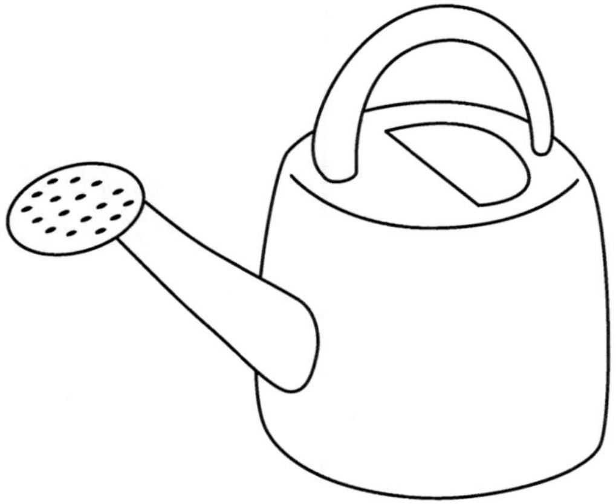

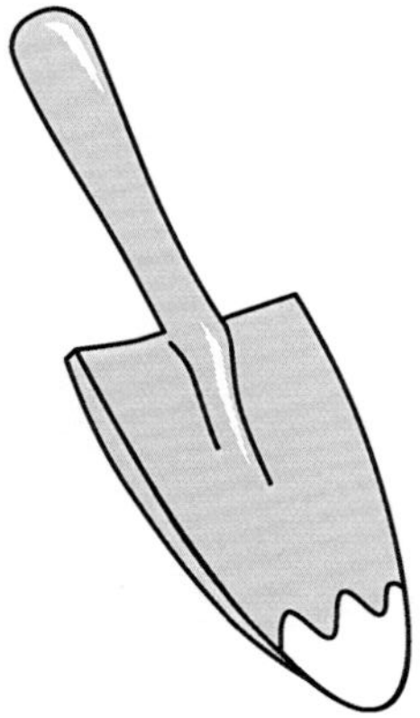

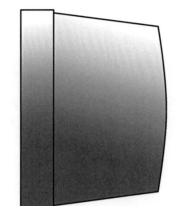

## 問題40　分野：行動観察

〈準 備〉　牛乳パック、お菓子の空き箱、紙皿（深め・浅め）、ポリ袋（赤・青・緑）、ガムテープ、ハサミ、フェルトペン（12色）

〈問 題〉　この問題の絵はありません。
※この問題は10人以上のグループで行なう。
（準備した材料を渡して）材料を選んで何か作ってください。１人で作ってもお友だちといっしょに作っても構いません。

〈時 間〉　15分程度

〈解 答〉　省略

［2017年度出題］

### 学習のポイント

ＡＢＣグループ共通の問題です。制作というより、集団への順応性と創造力を観点としていると思われます。問題文で「１人で作ってもお友だちといっしょに作っても構いません」と説明されていますが、試験場では机を円形に配置して中央に材料を置くという状況でしたから、協力して作るほうがよいとほとんどのお子さまが感じたのではないでしょうか。ここでは「それでも１人で作品を作る」という姿勢とると、「コミュニケーション能力が豊かではない」と判断されかねません。制作の作業自体はほかの問題で観られていますから、ここでは同じグループで行動を観察される志願者への気遣い・積極性を発揮しましょう。

【おすすめ問題集】
実践 ゆびさきトレーニング①②③、Ｊｒ・ウォッチャー23「切る・貼る・塗る」

## 問題39　分野：制作

〈準　備〉　画用紙（Ａ４～Ｂ４程度）、のり、ハサミ、ピンポン玉、模造紙（15cm×15cm、２枚）、新聞紙(15cm×15cm）、折り紙（黒・１枚）、毛糸（15cm×２本）、紙コップ、セロハンテープ、長方形の箱（15cm×20cm）
※あらかじめ問題39の絵を指定の色に塗り、太線に沿って切り分けておく。

〈問　題〉　「おべんとう」を作る。はじめに先生の周りに集まってお手本を見た後、自分の席に戻って作業する。
①新聞紙を丸め、それを三角形に折った模造紙で包み、セロハンテープで切れ目をふさぎ、『オニギリ』を作る。
②折り紙（黒）を長方形にちぎり、①で作った『オニギリ』に貼り付ける（『オニギリ』の完成）。
③ピンポン玉を模造紙で包み、模造紙をねじった場所を毛糸で固結びして留める（『アメ玉』の完成）。
④問題の上の『箸』、下の『箸置き』をハサミで切り取る。
⑤長方形の箱に左から『オニギリ』、『アメ玉』を置く。箱の手前に『箸置き』『箸』を置き、その横に紙コップを置く。

〈時　間〉　10分程度

〈解　答〉　省略

［2017年度出題］

### 学習のポイント

本問はＣグループで出題されました。当校の制作問題では、指示をしっかり聞き、見本をしっかり見て、その通りにすることが他校よりも重要となってきます。当校は研究校としての一面もありますから、実験的な授業も多くなり、児童の集団への順応性や、理解力を重要視するからでしょう。お子さまにそのようなことを説明してもわかりません。保護者の方はふだんから、まず、人の話をきちんと聞くこと、ほかの人の気持ちを想像して行動するといったことを指導しておきましょう。言い換えればコミュニケーション能力を発達させるということになりますが、当校の入試に臨む上ではもっとも重要な資質の１つと言えるでしょう。

【おすすめ問題集】
実践 ゆびさきトレーニング①②③、Ｊｒ・ウォッチャー23「切る・貼る・塗る」

## 学習のポイント

本問はＡグループで出題されました。それほど多くの材料を使用しているわけではありませんが、１つひとつの作業に多少のテクニックを必要とする問題です。ただし、お手本が示されますから、制作に慣れたお子さまであれば、作り方をイメージするのはそれほど難しくないでしょう。制作の問題は、技術的な面とともに、指示通りていねいに取り組むことができるかどうかが問われます。なお、どのグループでも「切る」「貼る」「塗る」「ちぎる」といった基本的な作業が問題の要素となっています。作品の完成度はともかく、作業がどの程度できるかは必ず観られていると考えてよいでしょう。試験前に一通りのことは経験しておきましょう。

【おすすめ問題集】
実践 ゆびさきトレーニング①②③、Ｊｒ・ウォッチャー23「切る・貼る・塗る」

## 問題38　分野：制作

〈準備〉　画用紙（Ａ４～Ｂ４程度）、のり、ハサミ、毛糸（20cm×１本、３cm×５本）、丸シール（黒２枚、赤１枚）、紙コップ、セロハンテープ
※あらかじめ問題38の絵を枠線に沿って切り分けておく。

〈問題〉　「カエルの池」を作る。はじめに先生の周りに集まってお手本を見た後、自分の席に戻って作業する。
①左上の『カエルの顔』をハサミで切り取り、丸シール（黒・２枚）を目の部分に、丸シール（赤）を口の部分に貼る。
②『カエルの顔』を紙コップの側面に貼り、紙コップの周りを毛糸で一周させた後、ちょうちょ結びで毛糸の端を留める（『カエル』の完成）。
③左下の『葉っぱ』の葉脈の部分に毛糸（３cm×５）をセロハンテープで貼り、『葉っぱ』をちぎり取る（『葉っぱ』の完成）。
④右の『サカナ』をハサミで切り取る（『サカナ』の完成）。
⑤画用紙に左から『サカナ』、『カエル』、『葉っぱ』を等間隔に置く。

〈時間〉　10分程度

〈解答〉　省略

［2017年度出題］

## 学習のポイント

本問はＢグループで出題されました。立体物を制作するという点で、ほかのグループより少し難易度の高い問題です。こういった難しい作業は、説明を聞き逃すと混乱のもとになります。制作の問題では「お手本や指示をきちんと理解してから、作業をする」というルーティンが重要になってきてます。「自由に制作する」という問題もありますが、結果や手順に関して何らかの指示があるものです。また、手順を守ることが観点となっている場合があります。勘違いをしたまま作業をすることのないよう注意しましょう。

【おすすめ問題集】
実践 ゆびさきトレーニング①②③、Ｊｒ・ウォッチャー23「切る・貼る・塗る」

## 問題36　分野：口頭試問（お話作り）

〈準　備〉　あらかじめ、問題36の絵を枠線に沿って切り離してカードにしておく。

〈問　題〉　カードを３枚選んで、そのカードを使ったお話を作ってください。

〈時　間〉　適宜

〈解　答〉　省略

［2017年度出題］

### 学習のポイント

例年出題されている「お話作り」の問題です。今回の問題は比較的自由度が高く、身近なものが描かれているカードを３枚使ってお話を作るという形式です。むろん、自由にお話を作ればよいのですが、あまりにも突飛な展開の話や、整合性のないお話を作るとよい評価は得られないかもしれません。そうしたことがないように、お話作りの練習をすることはもちろんですが、日々の読み聞かせを通して、「お話のストック」を持つようにしましょう。これはお話を丸暗記するという意味ではなく、「起承転結」といったお話の流れを学んで、お話を作る時にその流れにあてはめられるだけの知識を身に付けておくということです。この知識があれば、比較的緊張しやすい口頭試問の場でもそれほど悩むことなくお話が作れるのではないでしょうか。なお、この問題はＡＢＣグループ共通の出題です。

【おすすめ問題集】
新口頭試問・個別テスト問題集、Ｊｒ・ウォッチャー21「お話作り」
１話５分の読み聞かせお話集①・②

## 問題37　分野：制作

〈準　備〉　画用紙（Ａ４～Ｂ４程度）、のり、ハサミ、糸（20cm程度）、ビース（ピンク２個、黄色２個）
※あらかじめ問題37-１の絵を太線に沿って切り分けておく。問題37-２の絵は切り抜いておく。

〈問　題〉　「お出かけバッグ」を作る。はじめに先生の周りに集まってお手本を見た後、自分の席に戻って作業する。
①問題37-１の左上の『取手』の部分をハサミで切り取る。
②問題37-１の左下の『木』の部分をハサミで切り取る。
③問題37-１の右の『月』の部分をちぎり取る。
④問題37-２の絵に、①～③で作ったものをのりで貼り付ける。
⑤ビーズをひもに通し、取手にひもを通した後、両端をちょうちょ結びする。

〈時　間〉　10分程度（制作のみ）

〈解　答〉　省略

［2017年度出題］

## 問題35　分野：口頭試問（言語）

〈準 備〉　箱（適宜）、問題35－１、35－２、35－３の絵を枠線に沿ってあらかじめ切り離してカードにしておく。

〈問 題〉　①（問題35－１の絵を切り分けたものを渡して）
カードを６枚選んでしりとりをしてください。
②（問題35－２の絵を切り分けたものを渡して）
この箱の中に絵を入れると音が出ます。例えば、「バラ」のカードを箱に入れると「バラバラ」という音が出ます（実際に「バラ」のカードを箱に入れた後、「バラバラ」と声を出す）。好きなカードを２枚選んで、どのような音がするか、箱にそのカードを入れてどんな音がするかを言ってください。
③（問題35－３の絵を切り分けたものを渡して）
（「☆」のついたカードを志願者の前に置く）このカードは、「雨の日もあれば」というカードです。このカードの続きは、（「★」のついたカードをその横に置く）「晴れの日もある」というこのカードになります。同じようにカードを１枚選んだ後、その続きのカードを選んで、その２枚のカードがどのような意味なのかを説明してください。

〈時 間〉　各３分程度

〈解 答〉　①イカ→カサ→サイコロ→ロボット→トラ→ライオン　②③省略

［2017年度出題］

### 学習のポイント

ここでは口頭試問の中で、「言語」分野に関する問題をまとめてあります。①は「しりとり」、②は「擬態（音）語」、③は「表現」の問題になります。すべての問題で語彙の豊かさを観られていますが、①②は言葉の音の知識、③は論理的な思考も同時にチェックされていると考えてよいでしょう。もっとも、問われているのは年齢なりの知識・思考です。特別な対策学習は必要ありません。試験間近ならともかく、余裕のある時期ならば、生活の中で、言葉を使ったコミュニケーションをとることを学習につなげましょう。言語分野の問題は、問題の趣旨が「単に言葉の意味」を問うものから、「言葉をどのように使うか」を問うものに変わってきています。それに対応する意味でも、「生活の中で使われる言葉」の学習が重要になってきているのです。なお、②③は特に正解というものはなく、お子さまが理由を述べ、それが妥当なものであれば正解としてください。

【おすすめ問題集】
新口頭試問・個別テスト問題集、17「言葉の音遊び」、18「いろいろな言葉」、49「しりとり」、60「言葉の音（おん）」

## 問題34　分野：口頭試問（推理）

〈準備〉　①問題34－１のイラストを参考にして５種類の積み木を用意する。
②折り紙を11枚用意し、問題34－２のイラストを参考にして、２種類の形で重ねる。
③問題34－３のイラストを参考にして、箱、ひも（４本、そのうち２本は同じ長さのもの）を用意する。同じ長さの２本のひものうち、１本で箱を結んでおく。

〈問題〉　**この問題は絵を参考にしてください。**
①（積み木を５つ渡して）
・積み木をすべて使って、できるだけ高く積み上げてください。
・積み木をすべて使って、さっきよりも低く積み上げてください。
②（２つの重ねた折り紙を見せて）
・どちらの方が多く折り紙を重ねてあるでしょう。
③（ひもで結んだ箱とひも３本を見せて）
・箱を結んであるひもと同じ長さのひもを選んでください。

〈時間〉　各１分

〈解答〉　①省略　②右　③省略

［2017年度出題］

### 学習のポイント

当校の入試は生まれ月によってＡＢＣの３グループに分けられます。そこで出題される口頭試問は当然グループごとに違う問題ですが、「出題分野は同じテーマ」という形にここ数年で定まってきたようです。ここでは各グループで出題された、「推理」分野の問題を取り上げています。①は「積み木」、②は折り紙を使った「重ね図形」、③ひもの長さを「比較する」問題です。共通するテーマ「推理」であり、年齢相応の思考力を観ていると考えてよいでしょう。内容的にはそれほど難しいものではなく、本書および類書で口頭試問という形に慣れておけばそれほど困ることはありません。ペーパテストのみで対策をしていると「実際にものを動かす」ことで、逆に混乱してしまうケースもあるようです。すでにわかっている（と思われる）問題でも実物を使って答える練習をしておきましょう。

【おすすめ問題集】
新口頭試問・個別テスト問題集、Ｊｒ・ウォッチャー15「比較」、35「重ね図形」

## 問題33　分野：制作

〈準備〉　ハサミ、ボンド、紙コップ、のり、画用紙、紙テープ（赤）、クーピー

〈問題〉　**この問題は絵を参考にしてください。**

①「ジェットコースター」を作る。はじめに先生の周りに集まってお手本を見た後、自分の席に戻って作業をする。

・紙コップをクルクルと切って伸ばし、ジェットコースターのコースを作る。
・切り込みを入れた画用紙に、切った紙コップのコースを差し込む。
・画用紙の一部を切り取り、ジェットコースターの絵を描く。
・ジェットコースターの絵を立てて貼り、風景の絵を描く。

②「すべり台」を作る。はじめに先生の周りに集まってお手本を見た後、自分の席に戻って作業をする。

・紙コップのフチを２ヶ所切り取って、画用紙の上に逆さまに置く。
・切り取った紙をつなげて紙コップに貼り付ける。
・画用紙の一部を切り取り、好きな動物の絵を描く。
・動物の絵を、すべり台の周りに立てて貼り、風景の絵を描く。

③「トンネルと自動車」を作る。はじめに先生の周りに集まってお手本を見た後、自分の席に戻って作業をする。

・紙テープを画用紙に貼って、道路を作る。
・紙コップのフチを２ヶ所切り取って、道路の上に逆さまに置く。
・画用紙の一部を切り取り、好きな車の絵を描く。
・車の絵を、トンネルの周りに立てて貼り、風景の絵を描く。

〈時間〉　10分程度

〈解答〉　省略

［2018年度出題］

### 学習のポイント

本年度の制作の課題では、すべてのグループが、紙コップを切って簡単な工作をし、それを台紙に貼って風景を描くというものでした。①はＡグループ、②はＢグループ、③はＣグループの課題ですが、それぞれ難しさに大きな違いはありません。制作の課題では、指示通りに作業をすること、道具を正しく使用することは共通する観点となります。ですから、「お手本をよく見て、手順を理解してから作業に取り組む」ということはさらに大切になってきます。保護者の方は、ふだんの練習の際にも手順の説明はていねいに行い、指示を聞く姿勢が身に付くように指導してください。また、作品の出来については、評価にそれほど大きな影響はないと思われますが、お子さまはきれいに、上手に作業を進められるようになると、退屈と思われる作業も積極的に取り組めるようになるものです。お子さまに作業に対する苦手意識があるようならば、それをなくすためにも、ていねいに作業を行うことを忘れないようにしてください。

【おすすめ問題集】

新口頭試問・個別テスト問題集、実践 ゆびさきトレーニング①②③、
Ｊｒ・ウォッチャー23「切る・貼る・塗る」

## 問題32　分野：行動観察

〈準備〉　ビニール袋、紙皿、紙コップ、新聞紙、ティッシュ箱、ペットボトル、
ガムテープ、マジックペン、

〈問題〉　**この問題の絵はありません。**

①「猛獣狩りに行こうよ」ゲームをします。
・みんなで歌を歌い、先生の指示に従って、グループを作ります。
・グループの人数は、動物の名前の音の数で決まります。
・ゲームを何回か行います。

②自由工作
・用意された材料を自由に使って、おもちゃを作ります。
・６人程度のグループを作り、みんなで作るものを決めます。
・おもちゃができたら、グループでみんなに紹介します。

〈時間〉　適宜

〈解答〉　省略

[2018年度出題]

### 学習のポイント

本年度の行動観察では、各グループがほぼ同じ課題に取り組みました。本問では、ゲームに楽しく参加する積極性や、はじてのお友だちといっしょに工作をする際の協調性などが観られています。この課題では、集団の中でのお子さまの行動を、さまざまな角度から観ています。リーダーシップをとれる子、みんなのサポートができる子、指示にすばやく従える子など、お子さまの特徴はさまざまです。お子さまがそれぞれのよさを活かし、集団での活動が円滑に進められることや、みんなが楽しく活動できることが大切だと、保護者の方は考えてください。そのために、集団の中でお子さまがどのように行動しているのかを知り、その特性にあわせて、今後どう行動すればよいのか、困った時にどうすればよいかなどを、お子さまと話し合っておくとよいでしょう。

【おすすめ問題集】
新口頭試問・個別テスト問題集、Ｊｒ・ウォッチャー29「行動観察」

## 学習のポイント

指示された通りにカードを並べるしりとりの問題です。それぞれのものの名前を、音の集まりとして理解する言語感覚が要求されています。それぞれのカードはすべて異なる音で始まっているので、ていねいに取り組めば必ず答えられる問題です。本問では、目の前に置かれたクマのカードの隣には、試験官の先生がマスクのカードを置きますが、それ以降のカードはすべてお子さまが置くことになっています。そこを聞き逃して先生がカードを置くのを待ってしまうような失敗をしないように、気を付けてください。また、絵が描かれたカードが前後の問題で使用されているものと似ているからといって、これまでの問題と同じ要領で取り組めばよいと思い込んではいけません。口頭試問の場では、しっかりと指示を聞き取り、よく考え、相手にわかるように話す、という３点を忘れないようにしましょう。

【おすすめ問題集】
新口頭試問・個別テスト問題集、Ｊｒ・ウォッチャー49「しりとり」

## 問題31　分野：口頭試問（お話作り）

〈準備〉　なし

〈問題〉　（問題31の絵を渡す）
クマくんとリスさんは、公園に遊びに来ました。始めは仲良く遊んでいましたが、途中からクマくんとリスさんはケンカを始めてしまいました。

この後どうなったと思いますか。お話を作って私に聞かせてください。

〈時間〉　１分

〈解答〉　省略

［2018年度出題］

## 学習のポイント

お話作りの問題は、当校では例年出題されています。本問はＣグループに出題された問題です。「公園でクマとリスがケンカをしている」という場面があらかじめ提示されているため、その後のお話を作りやすくなっています。ケンカの後はどうするのがよいのかを考えて、お話を進めていくとよいでしょう。お話作りの問題では、お話の流れを想像しやすいように、いつも簡単なパターンを作ってから考える方法がおすすめです。例えば、お話を３つ程度に分けて、「悲しい顔」→「考える顔」→「うれしい顔」のように場面ごとの表情を決めておき、それにあてはめるようにお話をふくらませていく方法もあります。少し高度になりますが、起承転結にあてはめて考えるのもよいでしょう。このようにお話を想像しやすい型を作り、さまざまなお話を作る練習を通して、自信を持ってお話ができるようにしてください。

【おすすめ問題集】
新口頭試問・個別テスト問題集、Ｊｒ・ウォッチャー21「お話作り」

## 学習のポイント

擬音語や擬態語を使ってお話を作る、言語分野の問題です。言語分野の問題は、例年当校で出題される頻出分野の１つです。擬音語や擬態語の知識はもちろん、それらの言葉を正しく使えるかどうかも観られています。口頭試問の試験問題は、各分野の知識に対して、入試のためのテクニックではなく、進学後の生活にも活きるものとして身に付いているかが重視されるものです。本問のように、「擬音語や擬態語を答える」→「その言葉を使ってお話を作る」という流れは、言葉の知識が正しく身に付いているかをチェックするためには最適な方法と言えるでしょう。小学校入試対策で学んだことは、小学校進学後の学習にもつながっていきます。例えば、擬音語や擬態語を正しく使えることで、物語の情景をより正確にとらえることができ、作文を書く際には、言葉をより適切に使えるようにもなります。言語分野は、特にその傾向が強い分野です。お子さまの小学校進学後の学びに活きることを意識した学習が、そのまま当校の入試対策につながりますので、ふだんの学習もその点を考慮して進めてください。

【おすすめ問題集】
新口頭試問・個別テスト問題集、Ｊｒ・ウォッチャー18「いろいろな言葉」、
21「お話作り」

## 問題30　分野：口頭試問（言語）

〈準　備〉　あらかじめ、問題30の絵を線に沿って切り、８枚のカードを作っておく。

〈問　題〉　（問題30のカードを並べる）
しりとりをします。クマのカードから順番に、カードを並べます。
（クマのカードの隣に、マスクのカードを置く）
クマの最後の音は「マ」なので、「マ」で始まるマスクのカードを置きました。
では、その後につながるように、カードを全部置いてください。

〈時　間〉　２分

〈解　答〉　クマ→マスク→クスリ→リス→スズメ→メダカ→カキ→キュウリ

［2018年度出題］

**問題28**　分野：口頭試問（推理）

〈準 備〉　問題28の左のイラストを参考にして５種類の積み木を用意する。

〈問 題〉　①（積み木を５つ渡して）
・積み木をすべて使って、できるだけ高く積み上げてください。
・これらの積み木を坂道で転がした時、どの積み木が１番速く転がりますか。
・それはなぜですか。
②（問題28の右の絵を見せて）
・○、△、□の形のうち、右の葉っぱで隠すことができるのはどれだと思いますか。
・それはなぜですか。

〈時 間〉　各１分

〈解 答〉　省略

［2018年度出題］

## 学習のポイント

Ａ・Ｃグループで出題された問題です。口頭での推理分野の問題では、与えられた課題に対して自分の考えを伝え、さらに、その理由を説明します。推理分野の思考に加えて、考えた理由を順序立てて伝えることが求められるという意味では、かなり難しい問題です。本問をさらに難しくしているのは、正解が１つではないということです。①の場合、早く転がるのは、円柱の形をした２つの積み木のうちのどちらかだということはわかりますが、この２つの積み木を同じ高さから転がした時の速さは、実際にはほとんど変わりません。また、②の○・△・□の形は、どれも葉っぱで隠すことができます。このような問題では、正解不正解に関わらず、どのように答えを見つけたかという着眼点と、それをどのように説明するかが問われています。お子さまが説明下手だと思われるなら、ふだんの学習の際にも、あえて正解を確認せず、答えを見つけるまでの筋道を聞き取るような練習をしてみるとよいでしょう。

【おすすめ問題集】
新口頭試問・個別テスト問題集、Ｊｒ・ウォッチャー31「推理思考」

**問題29**　分野：口頭試問（言語）

〈準 備〉　あらかじめ、問題29の絵を線に沿って切り、６枚のカードを作っておく。

〈問 題〉　（カードの中から１枚選んで渡す）
・この絵の時、どういう音がすると思いますか。
（６枚のカードを並べる）
・この中から、好きなカードを選んでください。
・選んだカードの言葉を使って、お話を作ってください。

〈時 間〉　各１分

〈解 答〉　省略

［2018年度出題］

## 学習のポイント

数量分野の問題では、数を正確にかぞえ、指示通りに操作する力が観られています。①では「合わせて５個になる数」、②では「同じ数ずつ分けた時の余り」が求められていますが、数量の課題としては基本的なものと言えます。口頭試問の形式では、本問のように比較的簡単な内容の課題であっても、思うように解答できないことが懸念されます。例えば、答えを間違えてしまった時に、訂正の仕方がわからなかったり、言い出せなかったりすることがあります。また、指示にすばやく対応しようとして、慌てて失敗してしまうこともあるでしょう。このようなことを避けるためにも、１つひとつの行動をていねいに行うことを心がけてください。指示を聞き終えたら、ひと呼吸入れてから問題に取り組んだり、答えがわかったら確認をしてから答えたりするなど、行動にメリハリをつけるようにするとよいでしょう。

【おすすめ問題集】

新口頭試問・個別テスト問題集、Ｊｒ・ウォッチャー14「数える」、38「たし算・ひき算１」、39「たし算・ひき算２」、40「数を分ける」

## 問題27　分野：口頭試問（比較）

〈準　備〉　ビンまたはペットボトル２種類（大２本、小１本）
※あらかじめ、絵を参考にしてジュースを入れておく

〈問　題〉　（３本のビンを見せて）
・３本のビンのうち、ジュースが１番多く入っているのはどれだと思いますか。
・どうして、そう思いましたか。

〈時　間〉　１分

〈解　答〉　省略

［2018年度出題］

## 学習のポイント

本問は、Ｂグループで出題されました。比較の問題は、当校の口頭試問でよく出題される分野の１つです。用意されたジュースは一見して量の違いがわかります。だからといって、お子さまにとってその理由を説明することは簡単ではありません。したがって、当たり前のことを相手が納得できるように伝えられるかどうかが、本問の観点の１つだと考えられます。そのためには、順を追って考えを進めるようにしてください。比較の問題の場合は、与えられたものをはじめに観察し、次に共通する部分を確認し、最後に違いの部分に注目して答えを考える、という順で進めます。本問の場合ならば、３本のビンを観察し、ビンの太さが同じであることを確認した上で、水面の高さの違いに注目すると、１番多く入っているビンが見つけられます。このように順を追って考えられれば、あとはそのまま言葉にするだけです。ふだんから身近なものを題材に、それがどのように変化するのかを順を追って考えて、言葉で説明するという一連の流れを繰り返してください。

【おすすめ問題集】

新口頭試問・個別テスト問題集、Ｊｒ・ウォッチャー15「比較」、58「比較②」

## 問題25　分野：口頭試問（マナー）

〈準備〉　なし

〈問題〉　（問題25の絵を渡して）
・この絵の中で、してはいけないことをしている子は誰ですか。
・なぜ、それはいけないのですか。

〈時間〉　適宜

〈解答〉　省略

［2018年度出題］

### 学習のポイント

動物園でのマナーに関する問題です。してはいけないことを選ぶだけでなく、その理由を相手に伝わるように説明することが求められている点で、難易度の高い問題です。理由を説明する場合には、「状況の説明」と「理由」を組み合わせるとわかりやすくなります。例えば、ライオンのそばで花火をしている場合、「動物園（のように人の多い場所）で花火をしている」という状況に、「危ないから」という理由を組み合わせて、「動物園（のように人の多い場所）で花火をしているのは危ないから」というように答えるのがよいでしょう。その際に気を付けなければいけないのは、「動物園で花火をしているから」のように、状況の説明に「～から」を加えただけの形で答えてはいけないということです。この表現では、肝心の理由が説明されていません。必ず「危ないから」「迷惑だから」「○○だから」のように、直接の理由を答えられるようにしてください。

【おすすめ問題集】
新口頭試問・個別テスト問題集、Ｊｒ・ウォッチャー56「マナーとルール」

## 問題26　分野：口頭試問（数量）

〈準備〉　問題26上段の絵のように、イチゴ５個とクッキー３個をそれぞれ載せたお皿と、イチゴ３個とクッキー３個を載せたお皿を用意する。

〈問題〉　①上の段を見てください。パーティーにイチゴを５個と、クッキーを５個用意しようと思います。お皿の上には、イチゴとクッキーがいくつか載せられています。もう１つのお皿から、足りないものを持ってきてください。
②３匹のネコたちに、アメとチョコレートを分けたいと思います。それぞれ同じ数ずつ分けた時、どれが何個余りますか。

〈時間〉　各１分

〈解答〉　①省略　②アメ：２個　チョコレート：１個

［2018年度出題］

## 問題24　分野：口頭試問（常識）

〈準備〉　あらかじめ、問題24の絵を線に沿ってハサミで切り、６枚の「動物カード」を作っておく。

〈問題〉　①（６枚の「動物カード」の中から１枚を選んで見せる）
・このカードに描かれている動物は、どのような動物ですか。名前を言わずに説明してください。
②（６枚の「動物カード」を並べる）
・このカードに描かれている動物の中から、好きな動物を選んでください。
・どうしてその動物を好きなのですか。教えてください。

〈時間〉　各１分

〈解答〉　省略

［2018年度出題］

### 学習のポイント

当校の入学試験は、生まれ月ごとにＡＢＣの３つのグループにわけて行われます。出題分野は、全グループ同じですが、問題の内容はそれぞれ違い、男子・女子によって難易度が違うということもありません。この年度は、動物に関する常識分野の問題が、各グループで出題されました。お子さまになじみの深いと思われる動物について、その特徴を知っているか、好きな理由についてを聞きます。口頭での説明を用いて、はじめて会う試験官（の先生）に、考えを適切に伝えられるかどうかが観点です。親子や知人とふだん話す時には、単語を並べたり説明を省略したりしても、伝えたい内容はある程度理解してもらえるものですが、初対面の相手に対しては、そのような受け手に頼った話し方ではいけません。試験の場では、主語と述語を使って、相手が理解できる言葉で話すことが大切です。ウサギを例にするなら「その動物は、耳が長いです」「その動物は、ピョンピョン跳ねて、ニンジンが大好きです」というように、「〇〇は、△△です」という形で説明できると、相手にわかりやすいでしょう。ご家庭で練習する際にも、初対面の人に説明する場面を思い浮かべながら、話し方を見直すようにしてください。

【おすすめ問題集】
新口頭試問・個別テスト問題集、Ｊｒ・ウォッチャー27「理科」、55「理科②」

## 問題23　分野：制作

〈準備〉　ハサミ、ボンド、紙コップ、画用紙、画鋲、クーピー、シール

〈問題〉　**この問題は絵を参考にしてください。**

①「本」を作ります。はじめに先生の周りに集まってお手本を見た後、自分の席に戻って作業をしてください。

・画用紙を２つに折り、それぞれの中央で折る。
・それぞれにクーピーペンで簡単な絵を描く。
・本になるようにボンドで貼り合わせる。

②「アオムシ」を作ります。はじめに先生の周りに集まってお手本を見た後、自分の席に戻って作業をしてください。

・紙にコップをあてて、クーピーペンで５つ○を書き、ハサミで切り取る。
・切り取った５枚の丸い紙を、それぞれ画鋲で画用紙に留める。
・青虫の顔を描いて、お尻にゼッケン番号のシールを貼る。

③「アオムシ」を作ります。はじめに先生の周りに集まってお手本を見た後、自分の席に戻って作業をしてください。

・紙にコップをあてて、４つ○を書き、ハサミで切り取る。
・切り取った４枚の丸い紙をそれぞれ画用紙に画鋲で留める。
・中央に風車の軸、風車の下に支柱を描く。
・白い部分に風景を描く。

〈時間〉　各10分程度

〈解答〉　省略

［2019年度出題］

### 学習のポイント

①はＡグループ、②はＢグループ、③はＣグループの制作課題ですが、難しさに大きな違いはありません。指示を守ること、道具を正しく使用することになど気を付けて作業してください。逆に言うとそれぐらいしか観点がないので、志願者によって差がつくような課題ではない、ということにもなります。作業に慣れておくことは、ある程度対策になりますが、神経質になることはありません。ですから、お子さまにアドバイスするなら、小手先のことより、「指示の理解と実行」を強調するようにしてくだい。また、作品の出来については、評価にそれほど大きな影響はありません。ていねいに作業をするのはよいことですが、制限時間が守れないと本末転倒です。「時間内に完成させるという指示を守れなかった」という評価になることもありえます。

【おすすめ問題集】
新口頭試問・個別テスト問題集、実践 ゆびさきトレーニング①②③
Ｊｒ・ウォッチャー23「切る・貼る・塗る」

## 問題22　分野：行動観察

〈準　備〉　スポンジブロック（適宜）
※この問題は７～８人のグループで行う。

〈問　題〉　この問題の絵はありません。
①ブロックを材料にしてお城を作ってください。１人で作っても、お友だちといっしょに作ってもかまいません。
②お城ができたら手を挙げてください。できたら人からみんなに紹介します。

〈時　間〉　適宜

〈解　答〉　省略

［2019年度出題］

### 学習のポイント

前問とは違い、お子さまの行動を観察して、集団行動ができるか、ほかの志願者とうまく意思疎通ができるかなどを観点とした、行動観察の課題です。昨年からどのグループもほぼ同じ課題に取り組むようになりました。この課題の特徴は、①グループになることが任意であること、②作業後に発表があること、です。①に関してはどう考えてもグループで作業した方がよさそうです。協調性がない、人と話ができないといったマイナスの評価を受けにくくなります。②は、積極性が観点です。リーダーシップを無理やりを取ってまで発表する必要はありませんが、そういった流れになれば発表する、少なくとも発表を嫌がったりすることがないようにしてください。かなりの大人数の試験ですから、志願者の細かい感情までフォローしているとはとても思えません。例えば、「引っ込み思案の性格だからそういう行動をするのだ」といった配慮はないという前提で、どのように取り組むかを保護者の方は指導した方がよい、ということです。

【おすすめ問題集】
新口頭試問・個別テスト問題集、Ｊｒ・ウォッチャー29「行動観察」

## 問題21　分野：行動観察

〈準 備〉　なし
※この問題は４人のグループで行う。

〈問 題〉　**この問題の絵はありません。**
①２人ずつに別れて「足ジャンケン」をしてください（数回繰り返す）。
②ピアノの音にあわせて、「たこやき　手遊び」を行う。
・左手でまな板を作り、右手を包丁にして切る。
「♪タコ切って」
・手を入れ替え、同じ動きをする。
「♪ネギ切って」
・両手でたまごを割るまねをする。
「♪たまご割って」
・左手でボウルをつくり、右手は箸を持つような形にして回す。
「♪混ぜたら」
・両手でまるを作り、左右に傾けて揺らす。
「♪まるまった　たこやき」　　　（以上を数回繰り返す）

〈時 間〉　適宜

〈解 答〉　省略

［2019年度出題］

### 学習のポイント

この行動観察は口頭試問（個別テスト）の待機時に行われたもののようです。時間合わせの意味合いもあるので、評価という面ではそれほど重要視されていないかもしれません。とは言っても試験の課題の１つですから、「指示を理解して、その通りに行動する」という点は守りましょう。①はともかく、②はかなり覚えることもあります。そもそも小学校入試、特に国立小学校入試の行動観察は、何か優れた才能を探し出すというよりは、コミュニケーション能力や常識のない志願者をはじくために行われるもの、というのは言いすぎかもしれませんが、そういったニュアンスが強いテストです。運動能力や想像力を観点としたものではない、ということを保護者の方には理解していただいた上で、お子さまにどう立ち回ればよいのかを教えてください。

【おすすめ問題集】
新運動テスト問題集、Ｊｒ・ウォッチャー28「運動」、
Ｊｒ・ウォッチャー29「行動観察」

## 問題20　分野：口頭試問（言語）

〈準備〉　なし

〈問題〉　この問題の絵はありません。
今から言う言葉の「逆さ言葉」を言ってください。
「トマト」「スイカ」「クリスマス」「サンタクロース」

〈時間〉　1分

〈解答〉　省略

［2019年度出題］

### 学習のポイント

最近の小学校受験では言葉の音（おん）に関する問題が頻出するになりました。しりとりに代表されるような言葉遊びが、さまざまな形で、課題の1つになっています。この問題はその中でももっとも基本的なものでしょう。たとえ知らない言葉が出題されても、音（おん）を聞いておけば答えられるからです。特別な対策も必要ないでしょうが、不安があるようなら、まずは、お子さまに言葉がいくつかの音節できていることを教えてください。例えば「ト・マ・ト」と1音ずつ言えば、難しいことを言わなくても、言葉がいくつかの音で成り立っていることを理解できるでしょう。次に、必要なのは語彙を豊かにすることです。絵を見て「これは～だ」ということがわかる、という意味での語彙ばかりではなく、日常の会話や物語の中で使われている言葉を自分でも使えるようになるというレベルの語彙を身に付けることを目指してください。

【おすすめ問題集】
新口頭試問・個別テスト問題集、Ｊｒ・ウォッチャー18「いろいろな言葉」、60「言葉の音（おん）」

## 学習のポイント

数量分野の課題への対策の基本は、それぞれの問題の考え方を理解した上で類題演習を繰り返すことです。ただし、そこで解き方のテクニックやハウツーを覚えるのではなく、数に対する感覚を磨かないと、将来につながる学習になりません。数に対する感覚というと大げさに聞こえますが、「10ぐらいのものならば１目でいくつかわかる」「ＡとＢ２つのかたまりがあれば、どちらが多い・少ないかがわかる」といった程度のことです。小学校受験では数字を使わないので、そういった感覚さえあれば充分問題を解くことができるのです。なお、当校の入試は口頭試問形式ですから、答えだけではなく、「３人です」「アメです」と質問に沿った答え方をしましょう。その方が印象はよいはずです。

【おすすめ問題集】
　新口頭試問・個別テスト問題集、Ｊｒ・ウォッチャー14「数える」、
　37「選んで数える」、40「数を分ける」

## 問題19　分野：口頭試問

〈準備〉　なし

〈問題〉　（問題19の絵を見せて）
　「？」では何が起きたと思いますか。答えてください。

〈時間〉　各１分

〈解答〉　省略

［2019年度出題］

## 学習のポイント

左の絵と右の絵を見て、中央の絵で「描かれるべき場面を想像する」という、お話作りの課題です。こう書いてしまうと難しそうに聞こえますが、実際は右の絵を見て、「どうしてそうなったのかを想像する」だけですから、それほど難しいものではありません。スムーズに答えが出せないようであれば、能力ではなく経験が不足していると考えて、出かける機会を増やしたり、読み聞かせを習慣にするなどしてください。「時間（話）の流れ」を数多く知れば、そこから推測・想像することも自然にできるようになるはずです。なお、ここでの観点は「面白いお話を考える創造性・個性」といったものではなく、「考えたことをわかるように伝える能力」です。無理やり突飛なお話を考える必要はありません。言葉遣いも考えながら、相手にわかるように話すことを心がけてください。

【おすすめ問題集】
　新口頭試問・個別テスト問題集、Ｊｒ・ウォッチャー21「お話作り」

## 問題17　分野：口頭試問（常識）

〈準備〉　ブタ、ウシ、ヒツジの鳴き声の音源、音源再生機器

〈問題〉　（問題17の絵を見せて、動物の鳴き声をランダムに再生する）
今の鳴き声はどの動物の鳴き声ですか。指さしてください。

〈時間〉　各１分

〈解答〉　省略

［2019年度出題］

### 学習のポイント

当校の入学試験は、生まれ月ごとにＡＢＣの３つのグループに分けて行われます。問題の内容はもちろん違いますが、難しさはどのグループも同じですから、グループ分けを意識した学習は必要ありません（Ａグループだから難しい、Ｃグループだから簡単といったことはないということです）。本問は動物に関する常識分野の問題ですが、動物の鳴き声と絵に描いてある動物を一致させるという、経験がないと答えることができない問題です。推理して答えがわかるといったものではなく、年齢相応の常識を持っているかどうかが観点になります。対策としては、こうした問題の答えを丸暗記させるのではなく、実体験をすることで知識を得ていくの理想的ですが、家庭によっては難しい場合もあるでしょう。実体験にこだわることなく、メディアも活用しながら、当校の考える「常識」をお子さまに身に付けさせるようにしてください。

【おすすめ問題集】
新口頭試問・個別テスト問題集、Ｊｒ・ウォッチャー27「理科」、55「理科②」

## 問題18　分野：口頭試問（数量）

〈準備〉　なし

〈問題〉　①上の段を見てください。アメ１つとドーナツ１つをお皿に載せて配りたいと思います。何人に配れますか。答えてください。
②下の段を見てください。１番多いものは何ですか。答えてください。

〈時間〉　各１分

〈解答〉　①３人　②アメ

［2019年度出題］

**家庭学習のコツ④　効果的な学習方法～お子さまの今の実力を知る**

１年分の問題を解き終えた後、「家庭学習ガイド」に掲載されているレーダーチャートを参考に、目標への到達度をはかってみましょう。また、あわせてお子さまの得意・不得意の見きわめも行ってください。苦手な分野の対策にあたっては、お子さまに無理をさせず、理解度に合わせて学習するとよいでしょう。

## 問題16　分野：面接（保護者）

〈準備〉　なし

〈問題〉　**この問題の絵はありません。**

・志願者（子ども）の氏名・生年月日・住所。
・入学してからの通学方法、および時間。
・公共の交通機関の使用にあたり、指導していること。
・両親ともに働いているか。
（はいの場合）勤務形態（フルタイムかパートか）。
・（共働きの保護者に対し）平日の保護者会やイベントに出席・協力できるか。
・志願者に兄弟・姉妹はいるか。
（はいの場合）兄弟・姉妹の通学先（公立・私立）。
・受験するにあたって、犠牲にしたこと。
・（アンケートに記入する）作文に関して、質問はありますか。
・同じクラスの保護者から、クラスにいじめがあるらしいとメールが来ました。どのような対応をしますか。
・子どもが反抗的な態度をとった時、どうするか。
※ほかに、１次抽選時のアンケートを踏まえての補足質問もあり。

〈時間〉　５～10分程度

〈解答〉　省略

［2020年度出題］

### 学習のポイント

志願者の基本的な情報以外は、どのように答えても特に問題になるものはありません。保護者として、社会人としてのマナーを守っていれば、よほどエキセントリックな受け答えでもしていない限り、評価に影響は与えないのです。「家庭環境に問題がある」「教育に熱心ではない」といった印象を与えなければそれでよい、と考えて気楽に臨んください。実際の面接では、ここにあるような質問の中からいくつかが選ばれて聞かれます。いずれも基本的な質問ですから、準備しておけば特に問題はないでしょう。また、１次の抽選通過後に保護者アンケート（作文あり）が課され、学校の教育方針などについての考え方が問われます。昨年度の作文課題は**「地球環境を守るためにご家庭で行っている取り組みは何ですか。お子さまはどのように参加されていますか（400字）」**というものでした。

【おすすめ問題集】
面接テスト問題集、新・保護者のための面接最強マニュアル、
小学校受験の入試面接Q＆A

**家庭学習のコツ③　効果的な学習方法～問題集を通読する**

過去問題集を始めるにあたり、いきなり問題に取り組んではいませんか？　それでは本書を有効活用しているとは言えません。まず、保護者の方が、すべてを一通り読み、当校の傾向、ポイント、問題のアドバイスを頭に入れてください。そうすることにより、保護者の方の指導力がアップします。また、日常生活のさまざまなことから、保護者の方自身が「作問」することができるようになっていきます。

## 問題15　分野：制作

〈準 備〉　青い画用紙（問題15の絵のようにあらかじめ線を引いておく）、白い画用紙（問題15の絵のようにあらかじめ線を引いておく）、クレヨン、スティックのり、ハサミ

〈問 題〉　**この問題は絵を参考にしてください。**
①「骨」を作ります。はじめに先生の周りに集まってお手本を見た後、自分の席に戻って作業をしてください。
・青い画用紙を２つに折る。
・点線に沿ってハサミで切る。
②「クリスマスツリー」を描く紙を作ります。はじめに先生の周りに集まってお手本を見た後、自分の席に戻って作業をしてください。
・白い画用紙を２つに折る。
・点線に沿ってハサミで切る。
・青い画用紙の上に白い画用紙をのりで貼る。
③「クリスマスツリー」を描きます。はじめに先生の周りに集まってお手本を見た後、自分の席に戻って作業をしてください。
・クリスマスツリーを白い紙の中央に描く。
・赤い玉（オーナメント）と縞模様の靴下をクリスマスツリーの周りに描くように指示がある。

〈時 間〉　各10分程度

〈解 答〉　省略

［2020年度出題］

### 学習のポイント

当校の入試の制作（工作）はその作業内容が年々簡単になっています。基本的な「切る・貼る・塗る」という作業が年齢相応にできれば、特に困ることはないでしょう。こうした作業が上手くないからといって神経質になることはないということです。行動観察の問題で述べたように「指示の理解と実行」ができていれば問題ないのです。以前は制作物の提出や発表の仕方にも指示があるなど、作業以外のチェックポイントも多かったのですが、ほとんどなくなっています。こうした問題であれば、本校の入試以外の課題でも充分練習課題になります。お子さまの作業に不安があるなら、そういった課題で練習してもよいでしょう。

【おすすめ問題集】
新口頭試問・個別テスト問題集、実践 ゆびさきトレーニング①②③
Ｊｒ・ウォッチャー23「切る・貼る・塗る」

**家庭学習のコツ②　「家庭学習ガイド」はママの味方！**

問題演習を始める前に、試験の概要をまとめた「家庭学習ガイド（本書カラーページに掲載）」を読みましょう。「家庭学習ガイド」には、応募者数や試験科目の詳細のほか、学習を進める上で重要な情報が掲載されています。それらの情報で入試の傾向をつかみ、学習の方針を立ててから、対策学習を始めてください。

## 学習のポイント

問題14につながる行動観察の課題です。特に難しいところはないので、指示を理解してその通りに行動すれば問題ありません。動物の真似が下手でも構わないので、できるだけ早くグループになってください。人見知りをするというお子さまでも、こうした課題では四の五の言わずに行動するということ。極端にコミュニケーションができない、苦手と思われると、優れた才能があってもそれだけで不合格ということになりかねません。当校の入試全体にも言えることですが、協調性とコミュニケーション能力はすべての課題でチェックされています。逆に現時点の学力はどうでもよい、というわけではありませんが、ある程度「のびしろ」も含めて判断されるのです。

【おすすめ問題集】

新運動テスト問題集、Ｊｒ・ウォッチャー28「運動」、
Ｊｒ・ウォッチャー29「行動観察」

※この問題は問題13に引き続いて行ってください。

## 問題14　分野：行動観察

〈準備〉　パズル（20ピース程度のもの、完成させると城の絵が現れる）、ブロック（適宜）
※この問題は５人のグループで行う。

〈問題〉　**この問題の絵はありません。**
①パズルをみんなで完成させてください。
②絵に描かれているものをブロックで作ってください。
できたら手を挙げてください。

〈時間〉　適宜

〈解答〉　省略

［2020年度出題］

## 学習のポイント

問題13の後に取り組む行動観察の課題です。指示は細かくなく、しかも明確なので、すんなり行うことのできる課題ではないでしょうか。指示はありませんが、作業をする際は自然と役割分担ができるでしょうから、お子さまの性格に合う役割で行動してください。無理をしてリーダーになる必要もありませんし、意見を遠慮して言わないといったことをしなくてもよいということです。行動観察では目立ったり、競争に勝つといったことはそれほど評価されません。学校としては「年齢相応のコミュニケーションができる、協調性のある児童」を求めているので、おとなしい性格でも活発でも構わないのです。特に国立小学校では現時点の学力に私立小学校より関心がないので、「協調性」が重視される傾向があります。お子さまは知らなくてもよいですが、保護者の方は心に留めておいてください。

【おすすめ問題集】

新口頭試問・個別テスト問題集、Ｊｒ・ウォッチャー29「行動観察」

## 問題12　分野：口頭試問（常識・理科）

〈準　備〉　木製の玉（４個×３）、金属製の玉（１個）、
中に空気が入ったプラスチック製の玉（２個）、
※それぞれは同じ大きさ
※問題12の絵を参考に木製の玉を接着剤でつないでおく
水の入った水槽
※水槽の大きさは適宜、適量の水をあらかじめ入れておく

〈問　題〉　この問題は絵を参考にしてください。
（３種類の玉を見せて）
①水に浮くのはどれだと思いますか。
（問題12の右の絵のように「木製の玉」を水に浮かべて）
②金属の玉を水に浮かせるにはどのようにしますか。

〈時　間〉　１分

〈解　答〉　省略

［2020年度出題］

### 学習のポイント

実験風の楽しそうな問題ですが、「どうしてそうなのか」と聞かれると大人でも答えにくい問題です。何が水に浮いて、何が沈むかということの原理は、説明したところでお子さまにはまだわからないでしょう。つまり、この問題は考えるというよりも、似たような経験があるかをチェックしている問題なのです。対策としては日々の生活の中で経験を積むこと、保護者の方はお子さまが興味をもったことがあれば説明する、体験の機会を設けるといったことになるでしょう。最低限、過去の問題に取り上げられているような常識に関しては、理科に関するものを含めて体験・経験をさせておきましょう。小学校受験の問題のほとんどは生活体験やそこで得た知識から出題されるのです。

【おすすめ問題集】
新口頭試問・個別テスト問題集、Ｊｒ・ウォッチャー27「理科」、55「理科②」

## 問題13　分野：行動観察

〈準　備〉　問題13の絵を枠線で切り離しておく。
※この問題は20人のグループで行う。

〈問　題〉　①先生のところへ来てカードを１枚選んでください。
②カードに描いてある動物の真似をしながら歩いてください。
③同じ真似をしている人に会ったら手をつないでください。
④手をつないでいる人が５人になったら先生のところに来てください。

〈時　間〉　適宜

〈解　答〉　省略

［2020年度出題］

## 学習のポイント

シーソーの問題です。推理分野の問題ですから、答えに理由があった方が評価はよいでしょう。つまり、なんとなく正解するよりは「反対側に同じ重さのおもりを載せれば釣り合う」と考えたことがわかる答えの方が評価は高いのです。テスターはお子さまの動きからそのあたりのことを観察します。おもりを何度も載せ替えたり、考え込んでしまうと正解しても「○」とはならないと思ってください。問題の内容が簡単になればなるほど過程、つまり答え方の比重が高くなるのは、口頭試問形式のテストにはよくあることです。また、多数の志願者が受験する試験ですから、取りこぼしもできません。イメージとは違い、本来は入念な準備が必要な入試なのです。

【おすすめ問題集】
新口頭試問・個別テスト問題集、Ｊｒ・ウォッチャー33「シーソー」

## 問題11　分野：口頭試問（お話作り）

〈準備〉　なし

〈問題〉　（問題11の絵を見せて）
①女の子は何をしていますか。
②女の子はどんな気持ちですか。

〈時間〉　各１分

〈解答〉　省略

[2020年度出題]

## 学習のポイント

特に正解というものはないこういった問題でも、「答えにいたるプロセス」「答えの理由」はチェックされれます。正解がないからこそ、答えるまでの「考え」が評価の対象になるとも言えるでしょう。もちろん、観点は「創造性・個性」といったものではなく、「わかるように話す能力」、つまりコミュニケーション能力です。印象に残るようなエキセントリックな話を作る必要はありません。言葉遣いに注意して、相手にわかるように話しましょう。年齢なりのモラルや常識に欠けると判断されるとさすがによくないので、内容にもある程度の配慮をした方がよいとは思いますが、そこをあまり強調されると返って言葉が出てこなくなるお子さまもいるようです。性格や興味の対象を見てからアドバイスしてください。

【おすすめ問題集】
新口頭試問・個別テスト問題集、Ｊｒ・ウォッチャー21「お話作り」

# 2020年度以前の入試問題

## 問題9　分野：口頭試問（常識）

〈準 備〉　なし

〈問 題〉　（問題９の絵を見せて）
①それぞれの道具の名前と何に使うかを言ってください。
②足りないものはありますか。それは何ですか。

〈時 間〉　各１分

〈解 答〉　省略

［2020年度出題］

### 学習のポイント

当校はノンペーパーの入試を行います。その中心はこのような口頭試問です。口頭試問とほかの学校で行われているペーパーテストの違いは、答えを出すまでの過程も観察されることでしょう。この問題でも②のような問題は過程を観察されています。「～だから～です」と理由を含めて答えられればよいですが、「～です」と答えてしまうと「それはなぜですか」と質問を重ねられてしまいます。それでもよいと言えばよいのですが、評価は違ってきます。チェックされるのは知識だけでなく、コミュニケーション能力も含まれると考えれば当然のことです。なお、①「じょうろ」「スコップ」「植木鉢」という言葉がわからないと②の問いに進まないこともあったようです。

【おすすめ問題集】
新口頭試問・個別テスト問題集、Ｊｒ・ウォッチャー27「理科」、55「理科②」

## 問題10　分野：口頭試問（推理）

〈準 備〉　天秤、おもり（同じものを５個）

〈問 題〉　この問題は絵を参考にしてください。
（問題10の絵のように天秤におもりを載せて）
どうすれば天秤は釣り合うと思いますか。おもりを載せてみてください。

〈時 間〉　１分

〈解 答〉　省略

［2020年度出題］

**お茶の水女子大学附属小学校　専用注文書**

年　　月　　日

# 合格のための問題集ベスト・セレクション

**＊入試頻出分野ベスト３**

**1st　お話作り**

語　彙　話す力　想像力

**2nd　制　作**

聞く力　巧緻性

**3rd　数　量**

聞く力　観察力

口頭試問形式で各分野の基礎問題が出題されます。基礎中心の対策を行ってください。制作はここ数年、作業内容が簡単になっています。基本作業とマナーは身に付けてから試験に臨んでください。

| 分野 | 書　名 | 価格(税込) | 注文 | 分野 | 書　名 | 価格(税込) | 注文 |
|---|---|---|---|---|---|---|---|
| 図形 | Ｊｒ・ウォッチャー3「パズル」 | 1,650円 | 冊 | 数量 | Ｊｒ・ウォッチャー39「たし算・ひき算2」 | 1,650円 | 冊 |
| 数量 | Ｊｒ・ウォッチャー14「数える」 | 1,650円 | 冊 | 数量 | Ｊｒ・ウォッチャー40「数を分ける」 | 1,650円 | 冊 |
| 推理 | Ｊｒ・ウォッチャー15「比較」 | 1,650円 | 冊 | 図形 | Ｊｒ・ウォッチャー45「図形分割」 | 1,650円 | 冊 |
| 数量 | Ｊｒ・ウォッチャー16「積み木」 | 1,650円 | 冊 | 言語 | Ｊｒ・ウォッチャー49「しりとり」 | 1,650円 | 冊 |
| 言語 | Ｊｒ・ウォッチャー17「言葉の音遊び」 | 1,650円 | 冊 | 図形 | Ｊｒ・ウォッチャー54「図形の構成」 | 1,650円 | 冊 |
| 言語 | Ｊｒ・ウォッチャー18「いろいろな言葉」 | 1,650円 | 冊 | 常識 | Ｊｒ・ウォッチャー55「理科②」 | 1,650円 | 冊 |
| 記憶 | Ｊｒ・ウォッチャー19「お話の記憶」 | 1,650円 | 冊 | 常識 | Ｊｒ・ウォッチャー56「マナーとルール」 | 1,650円 | 冊 |
| 想像 | Ｊｒ・ウォッチャー21「お話作り」 | 1,650円 | 冊 | 言語 | Ｊｒ・ウォッチャー60「言葉の音（おん）」 | 1,650円 | 各　冊 |
| 巧緻性 | Ｊｒ・ウォッチャー23「切る・貼る・塗る」 | 1,650円 | 冊 | | 1話5分の読み聞かせお話集①② | 1,980円 | 各　冊 |
| 常識 | Ｊｒ・ウォッチャー27「理科」 | 1,650円 | 冊 | | 実践 ゆびさきトレーニング①②③ | 2,750円 | 各　冊 |
| 観察 | Ｊｒ・ウォッチャー29「行動観察」 | 1,650円 | 冊 | | 小学校受験で知っておくべき125のこと | 2,860円 | 冊 |
| 推理 | Ｊｒ・ウォッチャー31「推理思考」 | 1,650円 | 冊 | | 新 小学校受験の入試面接Q＆A | 2,860円 | 冊 |
| 推理 | Ｊｒ・ウォッチャー33「シーソー」 | 1,650円 | 冊 | | 新 願書・アンケート文例集500 | 2,860円 | 冊 |
| 数量 | Ｊｒ・ウォッチャー38「たし算・ひき算1」 | 1,650円 | 冊 | | | | |

| 合計 | 冊 | 円 |
|---|---|---|

| | |
|---|---|
| （フリガナ）<br>氏　名 | 電　話<br>ＦＡＸ<br>E-mail |
| 住　所　〒　　　－ | 以前にご注文されたことはございますか。<br>有　・　無 |

★お近くの書店、または記載の電話・FAX・ホームページにてご注文をお受けしております。
電話：03-5261-8951　FAX：03-5261-8953　代金は書籍合計金額＋送料がかかります。
※なお、落丁・乱丁以外の理由による商品の返品・交換には応じかねます。

★ご記入頂いた個人に関する情報は、当社にて厳重に管理致します。なお、ご購入の商品発送の他に、当社発行の書籍案内、書籍に関する調査に使用させて頂く場合がございますので、予めご了承ください。

日本学習図書株式会社
http://www.nichigaku.jp

## 問題8　分野：面接（保護者面接）

本年度は社会情勢を反映した質問が最初にありましたが、例年は「面接でよく聞かれること」ばかりが連続しますから、それほど綿密な準備が必要なものではありません。教育に対する熱心さを見せ、当校の特徴、教育方針、建学の精神などを押さえておけば、「問題なし」となるはずです。マナーに関しても「明らかに問題がある行動」さえしなければ、失格ということにはなりません。ふだんはしないことをしてしまったり、よくわからないことを緊張のあまり言ってしまう方がよほど問題ですから、リラックスして臨んでください。なお、保護者アンケート（作文）の課題は面接の質問と同じよう内容で**「コロナ禍など先行き不透明な社会状況の中であなたが学校・教育に期待することは何ですか（400字）」**というものでした。

【おすすめ問題集】

面接テスト問題集、新・保護者のための面接最強マニュアル、
小学校受験の入試面接Q＆A

## 問題5　分野：口頭試問（常識・言語）

〈解答〉　省略

前述した通り、発想の豊かさを観点にしているわけではないので、面白い答えや変わったことを言う必要はありません。理解でき、年齢なりのモラルがうかがえる答えなら問題ないのです。思い浮かんだことを迷わず話せばよいでしょう。「お菓子を思い切り食べたいが、虫歯になるので我慢している」といったもので充分という評価をしてください。あえて言うなら経験したことや目にしたことのあることの方が話しやすく、相手にも伝わりやすいので無難といったところでしょうか。抽象的なことはどうしても説明が複雑になり、お子さまの語彙がついていかなくなるかもしれないからです。

【おすすめ問題集】

新口頭試問・個別テスト問題集、Ｊｒ・ウォッチャー21「お話作り」

## 問題6　分野：制作

制作の課題です。「紙を切る・折る・塗る」という基本的な作業ができれば問題なくこなせる課題ですから、特に注意することはありません。当校の制作の課題はでは年々簡単なものになっているようです。これぐらいのものだと、お子さまによって出来栄えに差がつくということもないでしょう。指示を守ること、時間内に制作すること、年齢なりの道具の使い方や配慮（後片付けなど）といったことができればそれほど悪い評価はされないということになります。なお、この問題のように「時間が余ったら…」という指示がある場合、「ほとんどの志願者はこの作業を時間内に終えてしまうだろう」と予測されているということです。少なくとも、時間内に終わらないとよい評価は受けないと考えてください。

【おすすめ問題集】

実践 ゆびさきトレーニング①②③、Ｊｒ・ウォッチャー23「切る・貼る・塗る」

## 問題7　分野：制作

同じく制作の課題です。前の問題よりは少し手順が複雑ですが、それほど難しいものではありません。「ひもを結ぶ」という作業は例年出題されているので練習しておいた方がよいかもしれませんが、ほかの作業は過去問の制作を行っておけば充分に対応できるはずです。当校の制作の課題はでは年々簡単なものになっている、というのは前述の通りですが、そういった傾向というのは数年の周期で変わります。かつてのような難しい課題が出題される可能性もなくはないので、ある程度の準備、練習は怠りなく行っておきましょう。

【おすすめ問題集】

実践 ゆびさきトレーニング①②③、Ｊｒ・ウォッチャー23「切る・貼る・塗る」

## 問題3　分野：口頭試問（お話作り）

〈解 答〉　省略

絵本の読み聞かせとそれに関する質問がセットになっています。当校ではこうした出題であっても、お話の内容に関する質問はほとんどないので、「誰が何をした」といったことは覚える必要はありません。むしろ、お話の全体が何を表しているか、どういう意味があるのかを理解するようにしましょう。同じような趣旨の問題としては、絵を見てそこに描かれている人の気持ちを考えたり、その後どうなるかを考えたりといった問題があります。こうした問題では、「それはなぜですか」という質問が答えの後に追加されると思ってください。自分の考えを言う前に理由を考えておけばスムーズに話せるでしょう。なお、印象に残そうとして変わった答えを言うのはなるべく避けてください。そうした答えを言うと「なぜですか」という質問への返答がしにくくなります。

【おすすめ問題集】

新口頭試問・個別テスト問題集、Ｊｒ・ウォッチャー21「お話作り」

## 問題4　分野：口頭試問（言語）

〈解 答〉　なわとびのカード

推理、と言うよりは言語能力についての問題です。学習を進めていく上でもっとも必要な能力を観点としているわけです。入学すると、最初に学ぶのは知識ではなく、どのように学校生活を過ごすかというルールです。それを覚えた上で学習し、知識やそれを利用した思考力を鍛えていくのですから、小学校入試ではルールを把握する能力、つまりコミュニケーション能力が重視されるのは当然でしょう。また、コミュニケーション能力、当校では「指示を理解しそれに従って行動する」という能力は入試全体のテーマになっています。意識するとすべての問題の解答や観点がわかるでしょう。

【おすすめ問題集】

新口頭試問・個別テスト問題集、Ｊｒ・ウォッチャー18「いろいろな言葉」

# 2021年度入試
# 解答例・学習アドバイス

解答例では、制作・巧緻性・行動観察・運動といった分野の問題の答えは省略されています。こうした問題では、各問のアドバイスを参照し、保護者の方がお子さまの答えを判断してください。

## 問題1　分野：口頭試問（理科）

〈解答〉　省略

当校の口頭試問では、このような「日常生活で見られる自然現象」について聞かれることが多いようです。こういった質問の意図は、①今までにそういった経験をしているかどうか。②それを年齢なりの言葉で説明できるか。ということになると思います。①は学習で補うことができますが、②に関してはすぐに身に付けるというわけにはいかないかもしれません。「自分の意図を相手に理解してもらうこと」の重要さと難しさをお子さまに理解してもらい、コミュニケーションを積み重ねていくしかないでしょう。なお、答えとしては「懐中電灯の光がつまようじの影を作り、懐中電灯が動くに従って影もその方向に動く」といった内容のことが話せれば充分です。

【おすすめ問題集】
新口頭試問・個別テスト問題集、Ｊｒ・ウォッチャー27「理科」、55「理科②」

## 問題2　分野：口頭試問（推理）

〈解答〉　右に傾く

天秤の問題ですが、よく見られるシーソーの問題と同じで、「重い方が下に傾く」ということが言えれば何の問題もありません。原理はわかっていなくても、感覚的にわかっていればよいのです。できれば「こちら側が重くなっているから、アヒルのおもちゃを入れた方に傾く」というふうに、「理由＋解答」の形で答えるようにしましょう。単に「こちらに傾く」と指さすよりはよい評価を受けられるからです。前述の通り、入学してから必要なコミュニケーション能力を測るために当校の入試は、「口頭試問」の形式で行われています。お子さまがそこまで意識する必要はなく、また意識できないとしても、保護者の方はこの試験にそういった意味もあることを知っておきましょう。指導する時に役立ちます。

【おすすめ問題集】
新口頭試問・個別テスト問題集、Ｊｒ・ウォッチャー33「シーソー」

# 問題7

①

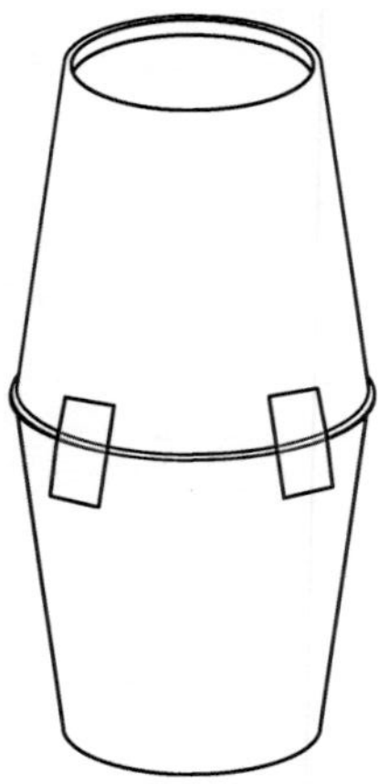

①紙コップの１つにビーズを数個入れる。

②紙コップ２つを①のように組み合わせ、テープで留める。

③折り紙を折って②のような取手を作り、テープで留める。

④ひもを輪にして紙コップにかけ、ちょう結びをする。

作成例

②

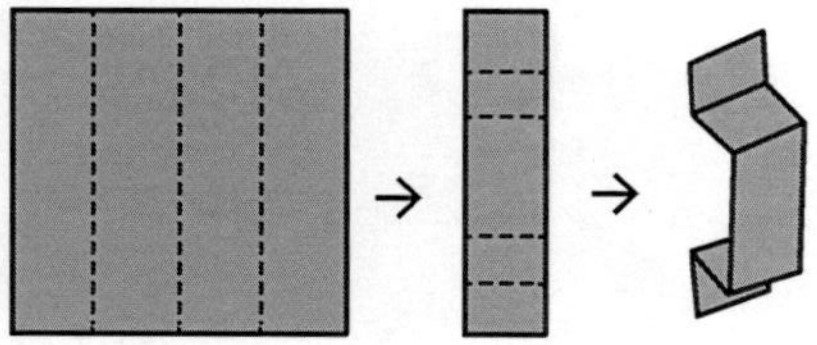

# 問題6

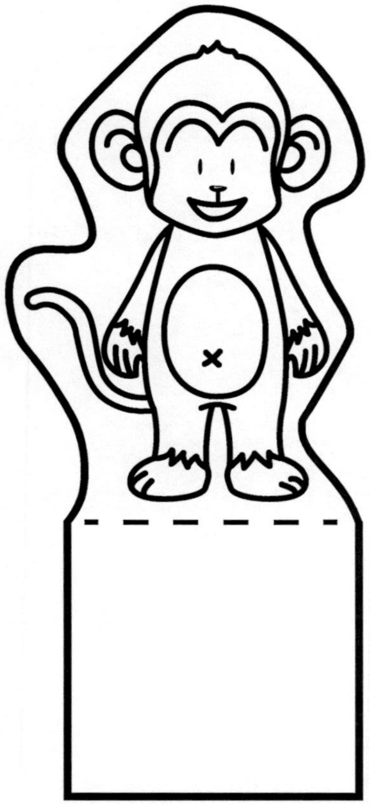

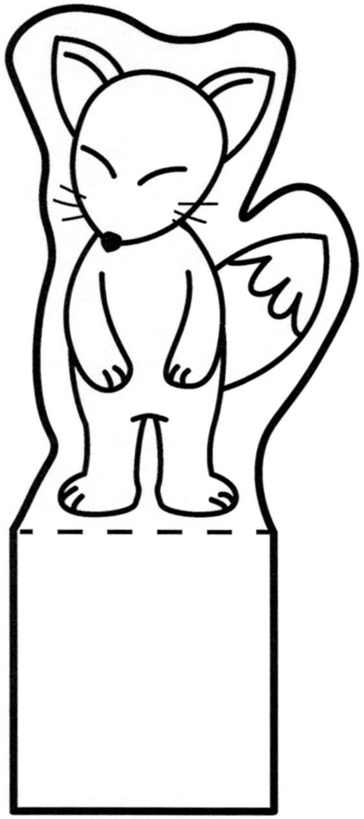

①サルのイラストをクーピーペンで塗る。

②枠線に沿ってハサミで切り取る。

③点線で山折りして、机の上に立てる。

④キツネのイラストで同じ作業を繰り返す。

作成例

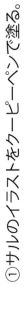

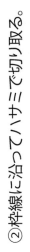

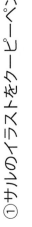

# 問題4

# 問題2

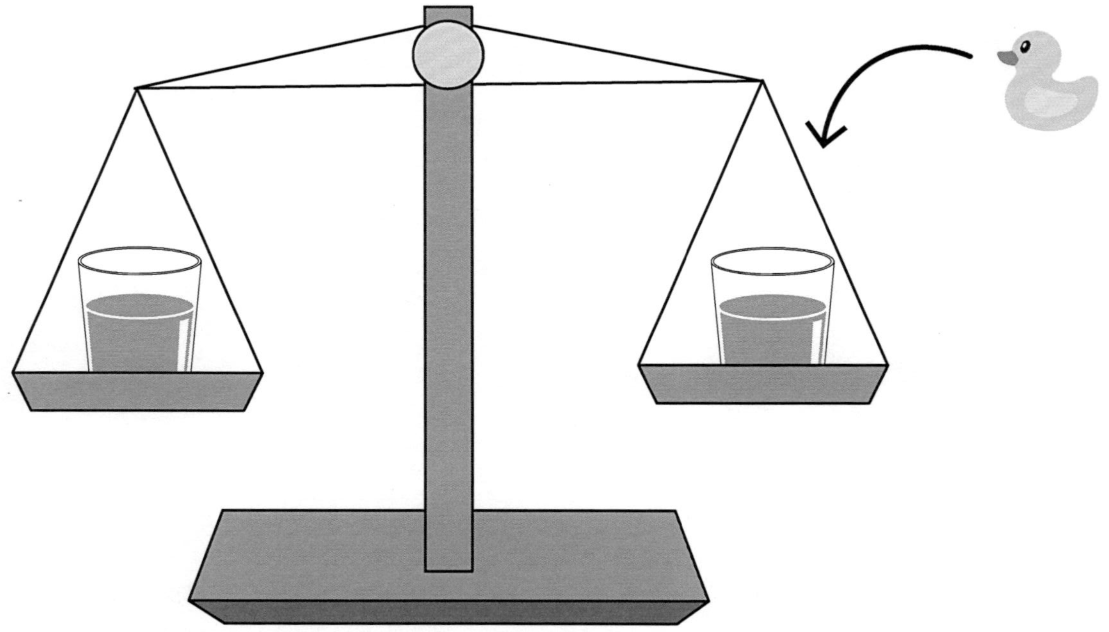

2022 年度　お茶の水　過去　無断複製／転載を禁ずる　日本学習図書株式会社

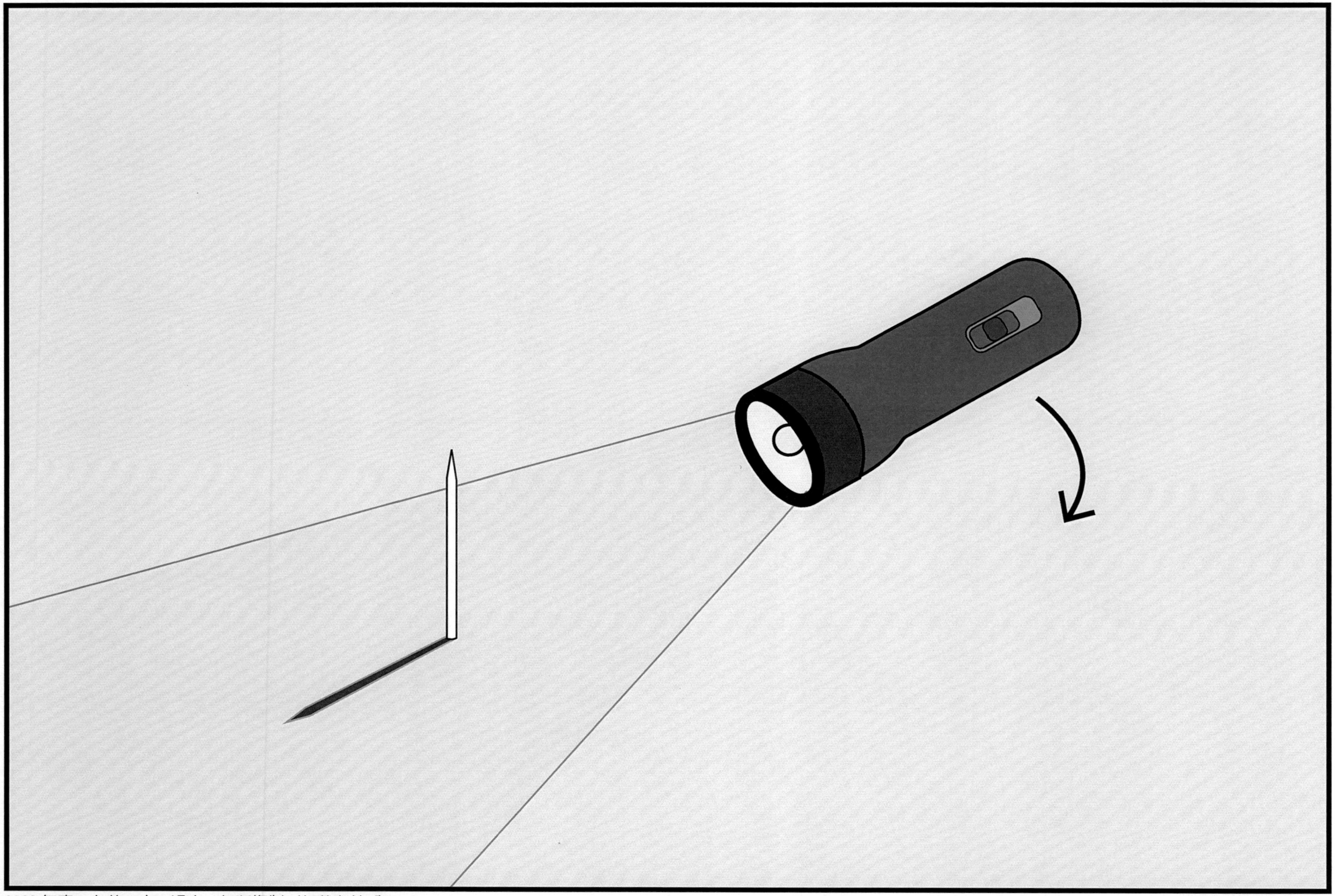

## 問題8　分野：面接（保護者）

〈準備〉　なし

〈問題〉　**この問題の絵はありません。**

・緊急事態宣言が発令され外出できない中、どのように過ごされますか。
・ご両親のうち、在宅勤務をされた方はいましたか。
・志願者（子ども）の氏名・生年月日・住所を教えてください。
・入学してからの通学方法、および時間について説明してください。
・公共の交通機関の使用にあたり、指導していることはなんですか。
・両親ともに働いていますか。
（はいの場合）勤務形態（フルタイムかパートか）はどういうものですか。
・（共働きの保護者に対し）平日の保護者会やイベントに出席・協力できますか。
・志願者に兄弟・姉妹はいますか。
（はいの場合）兄弟・姉妹の通学先（公立・私立）はどちらですか。
・受験するにあたって、犠牲にしたことはなんですか。
・（アンケートに記入する）作文に関して、質問はありますか。
・同じクラスの保護者から、クラスにいじめがあるらしいとメールが来ました。どのような対応をしますか。
・子どもが反抗的な態度をとった時、どうしますか。

〈時間〉　5～10分程度

**家庭学習のコツ①　「先輩ママのアドバイス」を読みましょう！**

本書冒頭の「先輩ママのアドバイス」には、実際に試験を経験された方の貴重なお話が掲載されています。対策学習への取り組み方だけでなく、試験場の雰囲気や会場での過ごし方、お子さまの健康管理、家庭学習の方法など、さまざまなことがらについてのアドバイスもあります。先輩ママの体験談、アドバイスに学び、ステップアップを図りましょう！

## 問題4　分野：口頭試問（言語）

〈準備〉　問題4の絵を枠線に沿って絵を切り、カードにしておく

〈問題〉　（カードを並べて）
今からこのカードのうち、1枚のカードについて説明するのでよく聞いてください。
「男の子が跳んでいます」
どのカードのことでしょうか。質問は1回だけしてもよいです。

〈時間〉　30秒

## 問題5　分野：口頭試問（常識・言語）

〈準備〉　なし

〈問題〉　**この問題は絵はありません。**
①あなたがしたことで、今まで1番面白かったことを教えてください。
②あなたがやってみたいけれど、やってはいけないと思っていることは何ですか。

〈時間〉　①1分　②1分

## 問題6　分野：制作

〈準備〉　ハサミ、クーピーペン

〈問題〉　これから「サル」を作ってもらいます。時間が余った人は、「キツネ」を作ってください。
※制作手順、制作例については、問題6の絵を参照してください。

〈時間〉　5分

## 問題7　分野：制作

〈準備〉　セロハンテープ、紙コップ4個、ビーズ（適宜）、ひも（15cm程度）、折り紙（2枚）

〈問題〉　これから「マラカス」を作ってもらいます。時間が余った人は、ほかに「音の出るもの」を作ってください。
※制作手順、制作例については、問題7の絵を参照してください。

〈時間〉　5分

◎学習効果を上げるため、前掲の「家庭学習ガイド」及び「合格のためのアドバイス」をお読みになり、各校が実施する入試の出題傾向を、よく把握した上で問題に取り組んでください。
※冒頭の「本書のご使用方法」「ご使用にあたっての注意点」も併せてご覧ください。

## 2021年度の最新入試問題

### 問題1　分野：口頭試問（理科）

〈準備〉　なし

〈問題〉　（問題１の絵を見せて）
懐中電灯を矢印の方向へ動かしていくと、つまようじの影はどのようになりますか。話してください。

〈時間〉　１分

### 問題2　分野：口頭試問（推理）

〈準備〉　天秤、コップ２個、アヒルのおもちゃ（５cm程度）

〈問題〉　**この問題は絵を参考にしてください。**
（問題２の絵のように天秤にコップを載せる）
右のコップにアヒルを入れるとどうなりますか。話してください。

〈時間〉　１分

### 問題3　分野：口頭試問（お話作り）

〈準備〉　なし

〈問題〉　**この問題は絵がありません。**
＊絵本『はかせのふしぎなプール』（中村至男著・福音館書店）の一部を読み聞かせた後で。
①あなたならこのプールに何を入れたいですか。
②それはどうしてですか。

＊『はかせのふしぎなプール』のあらすじ
博士の新発明は、どんなものでも大きくするプール。プールの中に入れたものは、とてつもなく巨大になってしまいます。助手君は、水面から出た一部を手がかりに、何がプールに沈んでいるのかと考えますが、なかなかわかりません。

〈時間〉　①30秒　②１分

# ㊢ 先輩ママたちの声！

◆実際に受験をされた方からのアドバイスです。
ぜひ参考にしてください。

## お茶の水女子大学附属小学校

・保護者面接ではうまく答えられず、不合格を覚悟しましたが、２次試験は何とか合格することができました。保護者面接は内容だけではなく、保護者の姿勢なども観るものではないかと思います。

・入試の前に学校の方針や教育内容を充分に理解し、納得した上で受験された方がよいと思います。

・考査時間が思ったより長いので、待っている間、ひざ掛けや本などを持っていくとよいと思います。移動には大きな袋があると便利です。紺色の無地のものなどを準備しておくとよいと思います。

・入試は、日々の躾が大切だと感じました。学校案内を購入しておくと、参考になってよいと思います。

・保護者面接ではアンケートをもとに質問されました。かなり突っ込んだ質問をされるので、アンケートの内容については注意が必要です。

・１次抽選から２次考査まで時間がないので、１次抽選に合格してから準備するのではなく、あらかじめ準備をしておいた方がよいと思います。

・１次検定の抽選後、２次の手続きを行う際に45分程度でアンケート記入がありました。考え込んでしまうと時間オーバーするので、ある程度は準備が必要かもしれません。

・第１次検定の抽選後のアンケートでは、通っている保育園または幼稚園の住所を記入します。転居等で複数の園に在籍した場合は、両方の住所と在園期間を明記する必要があります。

# お茶の水女子大学附属小学校

# 過去問題集

## 〈はじめに〉

現在、少子化が叫ばれているにもかかわらず、私立・国立小学校の入学試験には一定の応募者があります。入試は、ただやみくもに学習するだけでは成果を得ることはできません。志望校の過去における出題傾向を研究・把握した上で、練習を進めていくこと、試験までに志願者の不得意分野を克服していくことが必須条件です。そこで、本問題集は小学校を受験される方々に、志望校の出題傾向をより詳しく知って頂くために、出題頻度の高い問題を結集いたしました。最新のデータを含む精選された過去問題集で実力をお付けください。

また、志望校の選択には弊社発行の「**2022年度版　首都圏・東日本　国立・私立小学校　進学のてびき（4月下旬刊行予定）**」「**2022年度版　首都圏国立小学校入試ハンドブック（8月初旬刊行予定）**」をぜひ参考になさってください。

## 〈本書ご使用方法〉

◆出題者は出題前に一度問題を通読し、出題内容などを把握した上で、**〈準備〉**の欄に表記してあるものを用意してから始めてください。
◆お子さまに絵の頁を渡し、出題者が問題文を読む形式で出題してください。問題を読んだ後で、絵の頁を渡す問題もありますのでご注意ください。
◆**「分野」**は、問題の分野を表しています。弊社の問題集の分野に対応していますので、復習の際の目安にお役立てください。
◆一部の描画や工作、常識等の問題については、解答が省略されているものがあります。お子さまの答えが成り立つか、出題者が各自でご判断ください。
◆**〈時間〉**につきましては、目安とお考えください。
◆解答右端の**［〇年度］**は、問題の出題年度です。**［2021年度］**は、「2020年の秋から冬にかけて行われた2021年度入学志望者向けの考査で出題された問題」という意味です。
◆**学習のポイント**は、指導の際にご参考にしてください。
◆**【おすすめ問題集】**は各問題の基礎力養成や実力アップにご使用ください。

## 〈本書ご使用にあたっての注意点〉

◆文中に**この問題の絵は縦に使用してください。**と記載してある問題の絵は縦にしてお使いください。
◆**〈準備〉**の欄で、クレヨン・クーピーペンと表記してある場合は12色程度のものを、画用紙と表記してある場合は白い画用紙をご用意ください。
◆文中に**この問題の絵はありません。**と記載してある問題には絵の頁がありませんので、ご注意ください。なお、問題の絵の右上にある番号が連番でなくても、中央下の頁番号が連番の場合は落丁ではありません。
下記一覧表の●が付いている問題は絵がありません。

| | | | | | | | | | |
|---|---|---|---|---|---|---|---|---|---|
| 問題1 | 問題2 | 問題3 | 問題4 | 問題5 | 問題6 | 問題7 | 問題8 | 問題9 | 問題10 |
| | | ● | | ● | | | ● | | |
| 問題11 | 問題12 | 問題13 | 問題14 | 問題15 | 問題16 | 問題17 | 問題18 | 問題19 | 問題20 |
| | | | ● | | ● | | | | ● |
| 問題21 | 問題22 | 問題23 | 問題24 | 問題25 | 問題26 | 問題27 | 問題28 | 問題29 | 問題30 |
| ● | ● | | | | | | | | |
| 問題31 | 問題32 | 問題33 | 問題34 | 問題35 | 問題36 | 問題37 | 問題38 | 問題39 | 問題40 |
| | ● | | | | | | | | ● |

# 「お茶の水女子大学附属小学校」について

## 〈合格のためのアドバイス〉

本校は、入学試験が首都圏でも遅い時期に行われます。通学可能エリアが東京23区全域と広いこともあり、多くの志願者が集まります。倍率は男女ともに高く、男女ともに50倍～70倍となっています。検定は月齢別の3グループに分けて実施されます。

出題内容はグループによって若干異なりますが、観点は共通しています。口頭試問では、具体物を使用した推理（比較）の問題やパズルの問題、またお子さまの嗜好から常識までを幅広く問われました。お話作りの問題も、例年出題されています。総合的に、お子さまの自主性・判断力を観察する傾向がある入試と考えてください。また、イメージよりは試験時間が長いので、子どもの緊張感が持続しにくく、周りの受験者に状況を左右されるという事態も生じてきます。年齢なりの体力と集中力の持続、そして精神的自立が必要でしょう。

また、当校の附属幼稚園では「自由保育」を実践しています。ここでは、園児が、何に取り組むのか自分自身で決定することが求められます。そのような教育を受けた園児は、自立心が強く、自分の意見をはっきりと述べることができると考えられます。小学校からの入学者にも、そうした卒園児と交わり、彼らと遜色ない行動をとることを求めているとすれば、入学検定において志願者をどのような観点で選んでいるかは、おのずと見当がつくでしょう。志願者の課題への向き合い方、取り組み方、他者との関わり方などを通じて、自主性や社会性が観られていると考えられます。

こうした試験への対策は、一朝一夕に身に付けることは困難です。日常生活そのものが評価の対象になると考え、早めの改善を心がけてください。まずは、保護者が規範意識を持ち、お子さまに対してよいお手本を示すことが非常に重要です。

また、第2次検定中の保護者面接では、主に教育方針や、子どもがトラブルに関わった際の子どもへの対応について質問されています。当校の志願の際、保護者の方は、必ず学校説明会に参加し、当校の教育方針、研究実践について理解を深めてください。

本年度の入試の第1次検定抽選後に実施される保護者アンケートでは、「コロナ禍など先行き不透明な社会状況の中であなたが学校・教育に期待することは何ですか（400字）」という質問への記述が求められました。

## 〈2021年度選考〉

- ●口頭試問（個別）
- ●制作（個別）
- ●面接（保護者／10分程度）

### ◇過去の応募状況

| | | |
|---|---|---|
| 2021年度 | 男1,250名 | 女1,794名 |
| 2020年度 | 男1,134名 | 女1,595名 |
| 2019年度 | 男1,040名 | 女1,534名 |

目指せ！合格！

# 家庭学習ガイド
# お茶の水女子大学附属小学校

制　作　個別テスト　口頭試問　保護者面接

## 入試情報

応募者数：男子 1,250 名／女子 1,794 名

出題形態：ノンペーパー

面　　接：保護者

出題領域：口頭試問（個別）、制作

## 入試対策

今年の入試ではコロナ感染拡大防止の観点から行動観察は行われていません。そのほかに試験内容に大きな変化はなかったのですが、応募者数は前年よりも増え、3,000 名以上の応募者が集まりました。社会情勢の不透明さに対する保護者の不安が反映されていると言えるでしょう。第１次検定の抽選によって、志願者は男女各 210 名程度に絞られます。１次抽選終了後に、そのまま２次検定の手続きが行われ、翌日から２次検定（Ａグループ１日目、Ｂグループ２日目、Ｃグループ３日目）という流れで入試は行われます。２次検定合格者発表後は、同日に３次検定（抽選）を行った後、最終入学候補者が決定されます。このように、当校では、すべての検定が非常に短い日程で実施されるため、「１次抽選に合格してから試験対策を考える」というのはなかなか難しいかもしれません。

●当校の入試は、例年は口頭試問、制作、行動観察という内容で実施されていますが、今年は行動観察が行われませんでした。しかし、試験全体を通じて「お子さまのふだんの姿をうかがおう」という姿勢は変わりません。学力を高めることだけでは乗り切れない試験です。

●保護者面接では、近年、突っ込んだ質問も多くなっています。型通りの準備だけでなく、その場に応じた答えができるようにしておきましょう。

●複合的な出題の多い当校の入試は、「この分野を勉強しておけば大丈夫」ということはありません。「口頭試問」対策を中心に、幅広い分野からの出題を意識した学習を行いましょう。